AF702537

VIVIENDO EL ADVIENTO *en el hogar*

Oraciones diarias y actividades *para la* FAMILIA

Patricia Mathson

LIBROS LIGUORI
One Liguori Drive ▾ Liguori, MO 63057-9999

Imprimi Potest
Harry Grile, CSsR
Provincial de la Provincia de Denver
Los Redentoristas

Publicado por Libros Liguori, Liguori, MO 63057-9999
Para hacer pedidos llame al 800-325-9521.
www.librosliguori.org

Copyright © 2011 Patricia Mathson

Todos los derechos reservados. Ninguna parte de esta obra podrá ser reproducida, almacenada en sistemas electrónicos o transmitida sin el permiso escrito de Libros Liguori.

Library of Congress Cataloging-in-Publication Data

Mathson, Patricia L.
[Live Advent at home. Spanish]
Viviendo el Adviento en el hogar : oraciones diarias y actividades para la familia / Patricia Mathson.
p. cm.
ISBN 978-0-7648-2045-8
1. Advent—Prayers and devotions. 2. Families—Prayers and devotions. 3. Catholic Church—Prayers and devotions. I. Title.
BX2170.A4M3818 2011
242'.645—dc22

2011011555

Las citas bíblicas son de *La Biblia Latinoamérica: Edición Pastoral* (Madrid: San Pablo, 2005). Usado con permiso.

Libros Liguori, una corporación sin fines de lucro, es un apostolado de los Redentoristas. Para más información, visite Redemptorists.com

Impreso en Estados Unidos de América
15 14 13 12 11 / 5 4 3 2 1
Primera edición

Índice

Introducción

Nuestro recorrido por las estaciones litúrgicas de Adviento y Navidad, nos ayuda a darnos cuenta de todo lo que nuestro Dios ha hecho por nosotros. Al inicio de un año litúrgico, podemos comenzar de nuevo, sabiendo que Emmanuel ha llegado y es el Dios con nosotros.

Este tiempo especial del año ofrece a nuestra familia, la oportunidad de reservar un momento para lo que es realmente importante, en medio del ajetreo de nuestras vidas. Aun con todos los acontecimientos y compromisos que se nos acumulan en esta época, el compartir la fe en familia puede resultar esencial en la preparación para la gran celebración de la Navidad.

Este libro, cuyo uso es muy sencillo, ayudará a las familias a recorrer unidas el camino de Adviento y Navidad. El recorrido comienza con el primer domingo de Adviento y termina con la fiesta de la Epifanía. Este práctico libro ayudará a la familia a vivir unida la esperanza del Adviento y la alegría de la Navidad, año tras año.

Cada semana comienza con una reflexión sobre el Evangelio del domingo. Las lecturas de la Misa cambian año con año, según el ciclo del leccionario. Por este motivo reflexionaremos sobre los temas importantes de cada una de las lecturas. Pueden profundizar en la comprensión familiar del Evangelio compartiendo estas reflexiones antes o después de participar juntos en la Misa dominical.

Cada día de nuestro recorrido tiene su propio ritmo. Contiene una reflexión, una pregunta para compartir, una actividad y una oración. La reflexión está enfocada en la familia y en el espíritu con que hemos de vivir ese período. La pregunta para compartir pretende que la familia pueda conversar y planear cómo llevará a cabo el día. La actividad de cada día es una manera de ayudarles a hacer vida este tiempo sagrado como familia, mientras que las páginas de actividades semanales están dirigidas a alegrar el espíritu del período que se vive. La oración diaria los mantendrá unidos a medida que se dirigen a Belén. Se incluyen también oraciones en familia para el tiempo de Adviento y Navidad. Puede resultar provechoso aprender y rezar esta oración juntos, pidiendo por las propias necesidades.

Este libro está destinado a las familias de cualquier tamaño y forma. Las familias que apenas comenzaron a compartir la fe y aquellas que lo han estado haciendo por mucho tiempo. Es para los padres, abuelos, y la familia en sentido extenso. Es una oportunidad para que todos ellos compartan la fe a través de las generaciones.

Las ideas contenidas en este libro ayudarán a las familias a conectarse con el Dios que ya está presente en nuestras vidas, nuestros hogares, y nuestro mundo. Encontrarán diferentes tipos de actividades destinadas a atraer una gran variedad de familias de todas las edades y situaciones. Cada familia puede utilizar estos recursos de la forma en que mejor se adapte a su realidad y en la medida en que se lo permita el horario familiar. Este libro se puede compartir en la cena, a la hora de dormir, por la mañana, en el desayuno, en la comida, después de la escuela, o en cualquier momento de reunión familiar.

El presente libro también puede servir como un recurso para compartir la fe con otras familias en reuniones durante estos tiempos especiales. En ese caso se recomienda seguir las pautas que se ofrecen para los días en que el grupo se reúne. En los días restantes, cada familia lo hará en su propia casa, hasta que vuelvan a reunirse de nuevo.

Que Dios los bendiga en su peregrinar juntos como familia por el Adviento y la Navidad. Cada familia es diferente y cada experiencia será diferente. Sin embargo, todos podemos compartir la esperanza en este admirable Dios, esperanza para el futuro y esperanza de unos para con otros. ¡Ven, Señor Jesús!

Oración en familia

Señor Jesucristo,
te damos gracias por el amor que nos tienes
a cada uno de nosotros durante el Adviento y siempre.
Que este tiempo sea el momento de un nuevo comienzo
para nuestra familia al iniciar un nuevo año de la Iglesia.

Muestra a nuestra familia cómo vivir en esperanza,
durante este santo tiempo de Adviento.
Ayúdanos a compartir nuestros pensamientos,
nuestras alegrías y nuestras luchas.

Que te sigamos siempre como la luz del mundo
y la luz de nuestras vidas.
Guía a nuestra familia durante este tiempo de Adviento
y enséñanos a compartir tu amor con los demás.

Ayúdanos a ser compasivos;
ser personas que miran más allá de su propia familia;
y a hacer una diferencia en la vida de los demás
con nuestras palabras y acciones.

Te pedimos tus bendiciones sobre nuestra familia
en este día y durante todo el tiempo de Adviento.
A medida que nos dirigimos a Belén
haz que caminemos en fe, esperanza y amor.
¡Ven, Señor Jesús!

Amén.

Primera Semana de Adviento

EVANGELIO DE CADA DOMINGO:
"¡ESTÉN PREPARADOS Y VIGILANDO!" MARCOS 13:33

Durante el Adviento nos preparamos para celebrar la venida de Jesús que llega como un bebé, nacido en un establo, en Belén. Pero también recordamos que Cristo está presente en nuestras vidas hoy y que esperamos gozosos su venida al final de los tiempos. Lo que hacemos mientras esperamos a Jesús es importante. En los evangelios de esta semana, Jesús nos invita a estar preparados. Nos recuerda que no hemos de dejar para mañana el bien que podamos hacer hoy, de manera que estemos preparados para la venida de Dios. Podremos recibir mejor a Jesús en Navidad, si permitimos que el Adviento marque una diferencia en todos y cada uno de nuestros días.

Caminemos en la luz del Señor.

ISAÍAS 2:5

Por eso estén despiertos, porque no saben en qué día vendrá su Señor. Por eso, estén también ustedes preparados.

MATEO 24:42, 44

Los evangelios nos instan a mirar nuestras prioridades. Jesús nos enseñó, con sus palabras y acciones que, antes que a nosotros mismos, debemos cuidar especialmente a las personas necesitadas—los pobres, los que se sienten perdidos, los desamparados, los enfermos y todos cuantos necesitan nuestra ayuda. Si hemos de vivir como seguidores de Jesús durante el Adviento, debemos comparar nuestras acciones con su ejemplo; abrir nuestro corazón para ser compasivos, como Jesús lo fue.

¿Empleamos demasiado tiempo en lo que no es importante para Dios? ¿Podríamos hacer más para servir a los demás?

Estén preparados y vigilando, porque no saben cuándo llegará ese momento. MARCOS 13:33

¿Con qué frecuencia pensamos: "me ocuparé de los demás cuando no esté tan ocupado, cuando no tenga tantos pendientes en mi vida, o cuando el trabajo o el estudio no me quiten tanto tiempo"? La verdad es que normalmente hacemos tiempo para lo que es importante si lo consideramos una prioridad. Siempre tenemos tiempo de esperar a Dios. Jesús habla a nuestro corazón en las palabras del Evangelio, recordándonos que hemos de convertir el servicio a Dios y a los demás en una parte esencial de nuestra vida. Después de todo, es así como nos preparamos para la venida de Dios.

¿Cómo podemos hacer tiempo en medio de nuestra vida tan ajetreada para servir a Dios y a los demás?

Cuiden de ustedes mismos, no sea que la vida depravada, las borracheras o las preocupaciones de este mundo los vuelvan interiormente torpes y ese día caiga sobre ustedes de improviso... Por eso estén vigilando y orando en todo momento. LUCAS 21:34, 36

El Adviento es momento para volver a empezar. Este período representa el comienzo de un nuevo año de la Iglesia. Tenemos otra oportunidad para comenzar de nuevo y hacerlo bien, incluso si somos abatidos por las preocupaciones de la vida diaria. Podemos vivir en el amor de Dios y de los demás todos los días del Adviento y aun después.

¿De qué manera podemos mostrar nuestro amor a Dios y a los demás este Adviento?

DOMINGO: PRIMERA SEMANA DE ADVIENTO

Caminemos en la luz

Reflexión de Adviento

¿Alguna vez has sentido miedo de la luz? En la noche, cuando oscurece, esperamos la luz de la mañana. Si el día está oscuro y lluvioso, anhelamos que salga el sol. Necesitamos luz en nuestras vidas y luz en nuestros corazones.

En el Adviento somos llamados, como familia, a caminar en la luz de Jesucristo. Dejamos atrás la oscuridad y caminamos hacia la luz de Jesús en Belén. Esperamos la venida de Cristo, luz del mundo. Esperamos como esperaba el pueblo de Israel al Salvador.

Al dirigirnos a la celebración de Navidad, caminamos juntos en la luz. Que la luz de Cristo brille en nuestros corazones y en nuestras vidas durante este tiempo de Adviento y siempre.

Pregunta de Adviento

- ¿De qué manera nuestra familia puede caminar hacia la luz de Cristo durante el Adviento?

Actividad de Adviento

Pon atención en tu Iglesia, al término de la misa de hoy, para descubrir los signos del tiempo de Adviento.

- ¿Hay una corona de Adviento?
- ¿Cuántas velas tiene?
- ¿La parroquia esta adornada con banderas y decoraciones para el Adviento?
- ¿Cuál es el color de las decoraciones de Adviento?
- ¿Tu parroquia cuenta con estampas de oraciones propias del tiempo u otros recursos para llevar a casa?

Oración de Adviento

Señor Jesucristo, te pedimos que estés con nuestra familia al comenzar juntos nuestro camino de Adviento. Tú eres la luz que brilla en nuestra oscuridad y a la cual hemos de seguir. Vela sobre nosotros y guíanos para que podamos encontrar la luz de tu amor.

Amén.

A la espera de Jesús

Reflexión de Adviento

¿Es difícil esperar la llegada de una fiesta de cumpleaños o una visita? El Adviento es tiempo de espera. Esperando la Navidad, recordamos lo mucho que Dios nos ama.

La palabra Adviento significa llegada. Durante el Adviento, nos preparamos para la llegada de la Navidad y la celebración del nacimiento de Cristo. Aguardamos en alegre esperanza porque sabemos que Dios nos ha enviado a Jesús y que el Adviento nos lleva a la Navidad.

Este tiempo ofrece a nuestra familia la oportunidad de celebrar el bien en nuestras vidas y en nuestro mundo. Podemos enfocarnos en lo positivo, en medio de un mundo que parece más bien fijarse en lo negativo. De este modo vivimos la esperanza propia del Adviento y vivimos como personas de Adviento.

Pregunta de Adviento

- ¿De qué manera nuestra familia puede vivir en continua esperanza durante este Adviento y descubrir el bien en nuestras vidas?

Actividad de Adviento

Existen días difíciles pero, si miramos atentamente, siempre descubrimos algo por lo que debemos estar agradecidos. Hemos de buscar lo positivo, no lo negativo. A veces lo que una persona ve como la mejor parte de su día, sorprendería a otros miembros de la familia.

Pidan a cada miembro de la familia que comparta una cosa buena que le haya sucedido el día de hoy. Consideren hacer de esto una práctica diaria alrededor de la mesa.

Oración de Adviento

Dios de todas las cosas buenas,
aguardamos en gozosa esperanza para celebrar
la venida de nuestro Señor Jesucristo.
Te pedimos que bendigas a nuestra familia
en este santo tiempo de Adviento,
para que vivamos siempre como pueblo tuyo.
Amén.

MARTES: PRIMERA SEMANA DE ADVIENTO

Recuerden la promesa de Dios.

Reflexión de Adviento

¿Alguna vez han roto una promesa que te habían hecho? A veces algunas personas no cumplen sus promesas. Eso no sucede con Dios. Sabemos que Dios siempre es fiel a sus promesas. Él prometió enviar un salvador a su pueblo y cumplió su palabra de una manera en que nadie habría imaginado.

El Adviento es una oportunidad de que nuestra familia elija vivir la fe en Dios admirable. Podemos tratar de vivir como otros esperan que lo hagamos, o podemos recordar que es Dios quien nos da la vida y quien le da sentido, al cumplir las promesas que nos ha hecho. Deberíamos escoger la confianza en las promesas de Dios.

Dirijamos la mirada a nuestros corazones y nuestras vidas. Descubramos el amor de Dios ahí reflejado. Veamos también el amor de Dios en el prójimo. Durante el Adviento, estamos llamados a mostrar nuestra fe en un Dios fiel, por medio de nuestro amor expresado en obras y palabras. De este modo, vivimos el espíritu del tiempo de Adviento.

Pregunta de Adviento

- ¿En qué aspectos debe cambiar nuestra vida en este Adviento?

Actividad de Adviento

Busquemos la manera de compartir el amor de Dios con los demás en nuestra vida diaria. Mencionemos en familia, algunas de las oportunidades que se nos ofrecen para ayudarnos unos a otros. Por ejemplo: echar una mano en la realización de un proyecto difícil; escuchar a quien ha tenido un mal día; ser amables con el nuevo integrante de la escuela o del trabajo; esperar pacientemente en la fila del cajero... ¿De qué otra manera podemos iluminar el día de los demás?

Oración de Adviento

Admirable Dios, te damos gracias y te alabamos
por todo lo que has hecho por nosotros.
Guía a nuestra familia para que podamos vivir
el espíritu del Adviento. Ayúdanos a abrir nuestros corazones
y nuestras vidas, a las necesidades de los demás.
Amén.

Orar en todas las cosas

Reflexión de Adviento

¿Envías correos electrónicos o llamas a menudo a tus buenos amigos? Es importante mantenernos en contacto con los amigos. De igual manera, es importante mantenernos en contacto con Dios. La oración nos conecta con Dios y entre nosotros. La oración es parte de nuestra relación con Dios.

También durante el Adviento, es importante la oración. Oramos a Dios al prepararnos para celebrar el gran milagro de la Navidad. Alabamos a Dios por todo lo que ha hecho por nosotros. Le pedimos ayuda todos los días, porque para Él nada es imposible.

El Adviento es un tiempo en que se nos invita a orar por las necesidades de los demás. Podemos orar juntos como familia por otras personas. El Adviento nos recuerda cómo deberíamos vivir durante todo el año, como pueblo orante.

Pregunta de Adviento

- ¿Cómo puede nuestra familia hacer tiempo para la oración durante el Adviento?

Actividad de Adviento

A veces oramos únicamente por nuestras necesidades o las de nuestra familia. Sin embargo, deberíamos orar también por las necesidades de los demás. Este es un tiempo del año difícil para muchas personas. Hemos de recordar a quienes sufren y orar por ellos; compartir con ellos el amor de Dios.

Oremos como familia, por aquellos para quienes el Adviento es una lucha, debido a la pobreza, la enfermedad o el luto. Un miembro de la familia puede guiar la oración comenzando con la señal de la Cruz. A continuación lea la oración propuesta. Una vez leída, cada uno puede mencionar una persona o grupo de personas por quienes desea orar. Finalmente, el guía concluye con un Amén y la señal de la cruz.

Oración de Adviento

Señor Dios, te alabamos por todo lo que eres y por todo lo que has hecho por nosotros. Ayúdanos durante el Adviento, para encontrar un tiempo de oración como familia, en medio de nuestras ocupaciones. Que en todo lo que hacemos y decimos cada día,mostremos nuestra fe en ti. ***Amén.***

Hacer buenas decisiones

Reflexión de Adviento

¿Es fácil hacer una buena elección? Durante el Adviento se nos llama a tomar buenas decisiones en nuestra vida. Podemos elegir entre vivir el tiempo de Adviento como un momento de prisas y activismo, o asignar un tiempo para lo que es importante.

Dios nos da el don de un nuevo día y la iglesia nos da el don del Adviento. Podemos tomar decisiones basados en lo que creemos que los demás esperan de nosotros; o podemos tomar aquellas que nos ayuden a vivir la vida para la que Dios nos creó.

De nuestra familia depende la decisión sobre cómo hemos de vivir el don del Adviento. Dirijamos la mirada al fondo de nuestro corazón y encontremos la valentía y la fortaleza para seguir la voluntad de Dios.

Pregunta de Adviento

- ¿De qué manera, las decisiones que tomamos durante el Adviento, reflejan nuestra fe en Jesucristo?

Actividad de Adviento

Pensemos en el don del tiempo durante este Adviento. Reflexionemos en familia sobre estas preguntas:

- ¿Hay alguna manera en que podamos dedicar un tiempo específico para vivir el Adviento como familia?
- ¿De qué actividades podemos prescindir para tener tiempo de convivir, orar y alabar a nuestro Señor?
- ¿Qué lograríamos con ello?
- ¿Qué podríamos hacer en concreto durante ese tiempo?

Oración de Adviento

Dios, nuestro Padre y Creador,
te pedimos que camines con nuestra familia
en este peregrinar por el tiempo de Adviento.
Danos la fuerza de tomar buenas decisiones y
hacer tiempo para lo que es importante.
Esperamos la venida de Jesucristo
que es la luz del mundo para todos los pueblos.
Amén.

Extender una mano amiga

Reflexión de Adviento

¿Juzgas a las personas por su apariencia externa o por su interior? Dios nos llama a cuidar de otras personas como Jesús nos enseñó. Cristo nos invita a ver cada persona como una creatura de Dios. Debemos tratar a todos con respeto.

Somos responsables por los demás. De nosotros depende el tomar buenas decisiones que muestren cómo vemos y amamos a Jesús en nuestro prójimo.

En ocasiones no conseguimos descubrir el rostro de Jesús en los demás. Durante el Adviento nuestra familia debería intentar ver a Jesucristo en el vecino que pasa sus días solo, en el niño hambriento, en la persona enferma, en el pobre sin techo. Podemos marcar la diferencia, de persona en persona.

Pregunta de Adviento

- ¿Cómo puede nuestra familia extender una mano amiga durante el Adviento?

Actividad de Adviento

Dios nos llama a marcar una diferencia en la vida de los demás. Encontremos el modo concreto en que nuestra familia pueda ayudar a alguien necesitado. ¿Puede nuestra familia contribuir con algún dispensario local? ¿Podríamos donar cepillos de dientes o dentífrico a algún refugio para personas sin techo? ¿O visitar a los ancianos para dar un descanso a quienes habitualmente cuidan de ellos?

Podemos pensar en muchas maneras de servir a los demás en el espíritu del tiempo de Adviento. Elijamos aquella en la que nuestra familia pueda marcar la diferencia en la vida de alguien y hagámoslo esta semana.

Oración de Adviento

Señor Jesucristo, durante este santo tiempo de Adviento,
abre nuestro corazón a las personas a nuestro alrededor.
Ayuda a nuestra familia a descubrir tu rostro en los demás
y a seguir tu camino de amor. Haz que marquemos la diferencia
en la vida de al menos una persona en este día.
Amén.

Compartir un momento de alegría

Reflexión de Adviento

¿Alguna vez te ha alegrado profundamente una buena noticia para ti o para alguno de tus amigos? María se alegró por su prima, Isabel. Después de que María escuchara del ángel que su prima iba a tener un bebé, deja todo y corre a visitarla. Fue una visita gozosa, ya que María tenía mucha ilusión por el nacimiento de su propio hijo, Jesús.

Sabemos que el hijo de Isabel sería Juan el Bautista, el hombre encargado de preparar el camino para el ministerio público de Jesús. Nosotros, como María, esperamos también en gozosa esperanza la venida de un Salvador. Preparamos nuestro corazón y nuestra vida a la venida de Jesús.

Durante el tiempo de Adviento estamos llenos de alegría porque sabemos que la Navidad es parte de una historia mayor. Sabemos que la Navidad conduce a la Pascua y a la nueva vida para todos nosotros.

Pregunta de Adviento

- ¿Cómo puede nuestra familia, compartir con los demás la alegría del tiempo de Adviento?

Actividad de Adviento

En ocasiones somos más amables con nuestros amigos que con las personas de nuestra misma sangre. Encontremos la manera de mostrar amor y aprecio hacia nuestros hermanos, hermanas y padres, en nuestra vida de familia.

Mostremos hoy nuestro amor y afecto por cada uno escribiendo una nota como: "Te quiero" o "Gracias por todo lo que haces". Sorprendamos a un miembro de nuestra familia colocando la nota en un sitio donde no espera encontrarla.

Oración de Adviento

Dios del universo, nuestra familia espera durante el Adviento,
para celebrar la venida de Jesús.
Ayúdanos a preparar el camino del Señor
por medio de buenas acciones de unos para con otros.
Que venga tu reino para todos, ahora y para siempre.
Amén.

Búsqueda bíblica

Al comenzar el tiempo de Adviento, cantamos juntos el salmo 25 en la Celebración Eucarística. Las palabras del salmo nos ayudan a expresar lo que hay en nuestros corazones. Oramos a Dios, quien nos creó y está siempre con nosotros. Este es un salmo muy bello que también podemos recitar en casa.

Juntos, como familia, rellenen los espacios en blanco, con las palabras del salmo que se mencionan más abajo. El texto se encuentra en la Biblia. Se trata del Salmo 25: 4-6. Terminada la actividad, recen juntos el salmo, muy apto para el tiempo de Adviento.

Haz, Señor, que conozca tus _ _ _ _ _ _ _.

_ _ _ _ _ _ _ _ _ _ tus senderos.

En tu _ _ _ _ _ _ guía mis pasos, instrúyeme.

Tú que eres mi _ _ _ _ y mi Salvador.

Te estuve _ _ _ _ _ _ _ _ _ todo el día

sé bueno conmigo y _ _ _ _ _ _ _ _ _ de mí.

Acuérdate que has sido _ _ _ _ _ _ _ _ _

y generoso desde toda la eternidad.

Dios **acuérdate**

caminos **Muéstrame**

esperando **compasivo**

verdad

Sopa de letras

Las lecturas del primer domingo son una ayuda para comenzar nuestro camino en el tiempo de Adviento. Preparamos nuestros corazones y nuestras vidas para la llegada de Jesucristo, Salvador del mundo, como un niño en un pesebre. Mantenemos una gozosa esperanza.

Al final de esta página, encontrarán algunas palabras de las lecturas del primer domingo de Adviento. Trabajen juntos como familia para encontrar el mayor número posible. Las letras pueden ser usadas en más de una palabra.

P	E	R	E	G	R	I	N	A	R
U	C	O	R	A	Z	O	N	E	S
E	V	W	X	Y	L	A	A	C	D
B	F	G	S	O	I	D	L	M	N
L	P	Q	R	S	I	G	N	O	S
O	S	B	S	N	E	F	G	H	I
L	U	Z	E	N	O	Ñ	Q	R	S
M	S	V	W	X	Y	Z	O	B	C
D	E	S	P	E	R	T	A	R	M
A	J	P	G	L	O	R	I	A	W

VENIDA	DESPERTAR	GLORIA
PEREGRINAR	SIGNOS	JESÚS
LUZ	DIOS	CORAZONES
SEÑOR	PUEBLO	

Segunda semana de Adviento

EVANGELIO DE CADA DOMINGO:
"ABRAN EL CAMINO A YAVÉ EN EL DESIERTO;
EN LA ESTEPA TRACEN UNA SENDA PARA DIOS". MATEO 3:3

En los evangelios leídos durante esta semana, escuchamos la historia de Juan Bautista predicando al pueblo. Nos muestran a Juan cumpliendo lo que había predicho el profeta Isaías. El Bautista sale del desierto para preparar el camino de Jesús y su ministerio público. Hoy en día, nosotros también hemos de escuchar a Juan Bautista para preparar nuestros corazones a la venida de Jesús.

Abran el camino a Yavé.

ISAÍAS 40:3

Es a Juan a quien se refería el profeta Isaías cuando decía: Una voz grita en el desierto: Preparen un camino al Señor; hagan sus senderos rectos. MATEO 3:3.

Las palabras de Isaías no se refieren únicamente a Juan. También nos interpelan a nosotros durante este Adviento. Se nos invita a preparar el camino del Señor en nuestros corazones y nuestras vidas, para disponernos a celebrar la Navidad.

¿De qué manera podemos preparar, como familia, el camino del Señor en nuestros corazones y nuestras vidas?

Detrás de mí viene uno con más poder que yo. Yo no soy digno de desatar la correa de sus sandalias, aunque fuera arrodillándome ante él. MARCOS 1:7

Juan nos deja claro que él es solamente un mensajero. Comparte la buena noticia de Jesús con los demás. Nosotros estamos llamados a hacer lo mismo con nuestras palabras y obras. Como miembros de la Iglesia, debemos indicar a los demás el camino hacia Cristo. Nuestras acciones y palabras deben hacerles comprender que Jesús es compasivo y lleno de amor. Debemos salir al encuentro de los demás, como nos lo enseñó Jesús.

¿Cómo podemos compartir con los demás la buena noticia de Jesús?

Juan empezó a recorrer toda la región del río Jordán, predicando bautismo y conversión, para obtener el perdón de los pecados. LUCAS 3:3

Juan llama al pueblo al arrepentimiento y al bautismo. La mayoría de nosotros ya ha sido bautizada, sin embargo, aún podemos aprender de Juan. Hemos sido llamados a convertir nuestro corazón y volver nuestra vida hacia Dios, para prepararnos a la venida del Señor en Navidad. ¡Se trata de una tarea ingente! Recordemos, sin embargo, que todo lo que somos y hacemos proviene de Dios, que nos ha creado. Nada es imposible para Dios.

¿Qué significa convertir nuestro corazón y enfocar nuestra vida en Dios?

Den gracias y alaben a Dios

Reflexión de Adviento

¿Es importante ser agradecido cuando alguien nos ayuda? Deberíamos agradecer también a Dios. Él obra milagros en nuestro mundo cada día. Constatamos la presencia de Dios en la belleza de un amanecer, en la inmensidad del universo, en el amor que la gente profesa unos para con otros.

El Adviento representa para nuestra familia, una oportunidad de agradecer a Dios por todo lo que ha hecho por nosotros. Dios nos ama con un amor eterno. Dios siempre estará con nosotros y nunca se apartará de nosotros.

En nuestro camino hacia Belén durante el Adviento, debemos dar gracias y alabar a Dios. Glorifiquemos a Dios por todo lo que ha hecho por nuestra familia y nuestro mundo. Nuestro Dios es un Dios admirable.

Pregunta de Adviento

- ¿De qué manera nuestra familia puede agradecer y alabar a Dios, con palabras y obras, en este Adviento?

Actividad de Adviento

Reúnanse en familia y elaboren algunas tarjetas especiales de Navidad para personas especiales en su vida. Utilicen una hoja de cartulina doblada por la mitad para cada tarjeta. Decoren la parte delantera con dibujos, formas o colores navideños. Escriban en ella "¡Feliz Navidad!". En el interior, incluyan un mensaje y firmen todos los miembros de la familia. Den esta tarjeta a alguien que amen, para hacerle saber que piensan en él durante este tiempo especial.

Oración de Adviento

Dios de la promesa,
nuestra familia te da gracias y te alaba.
Durante este tiempo de esperanza del Adviento
cumpliste las promesas al pueblo,
de una manera que nunca habría imaginado.
Te damos gracias por enviarnos a Jesús, para mostrarnos
que el camino hacia ti es el camino del amor.
Amén.

Dispónganse a dar la bienvenida a Jesús

Reflexión de Adviento

¿De qué manera nos preparamos para una gran celebración? De igual manera debemos disponernos para celebrar la Navidad, preparando nuestros corazones y nuestras vidas para dar la bienvenida a Jesús.

No sólo nos preparamos para la venida de Jesucristo en Navidad. Celebramos también la presencia de Cristo resucitado entre nosotros y el regreso de nuestro Señor al final de los tiempos. El Adviento y la Navidad nos conducen desde el pesebre hasta la cruz y la resurrección.

Nuestra familia puede prepararse durante el Adviento, por medio de sus palabras y obras, para recibir a Jesús. Estamos llamados a compartir la buena noticia de Jesucristo con los demás y a acogerlos en nuestras vidas. El Adviento es un tiempo para vivir el Evangelio como pueblo amante y hospitalario. Lo que hacemos y decimos cada día, nos prepara a la venida de Jesús.

Pregunta de Adviento

- ¿Cómo puede nuestra familia disponerse a dar la bienvenida al Señor durante el Adviento?

Actividad de Adviento

Hagan una lluvia de ideas sobre las maneras en que pueden vivir el Adviento como familia. Piensen de qué manera pueden ser más amorosos y hospitalarios: orar juntos por las necesidades de los demás; asistir a un programa de Adviento en la parroquia; donar juguetes a la Iglesia para los niños necesitados; llevar galletas a un vecino anciano. Alguien escriba todas las ideas. A continuación, como familia, elijan una actividad para realizar juntos como preparación a la venida de Jesús.

Oración de Adviento

Señor Jesucristo, ayúdanos a ser como Juan Bautista
y a prepararnos a celebrar tu venida.
Abre nuestros ojos a lo que es importante en nuestra vida;
y abre nuestros corazones al mensaje del Evangelio.
Que nuestra familia viva el espíritu del Adviento
acogiendo a otros en nuestros corazones y en nuestras vidas.
Amén.

MARTES: SEGUNDA SEMANA DE ADVIENTO

Sigan el ejemplo de María

Reflexión de Adviento

¿A qué clase de cosas decimos que sí? Cuando el ángel Gabriel se apareció a María y le dijo que iba a ser la madre del Hijo de Dios, ella dijo sí a Dios. En nuestro peregrinar durante el Adviento, esperamos como María, a que se cumplan las palabras del ángel.

María fue fiel a Dios en todo, incluso cuando era difícil. Su bebé nació en un establo. Ella y José tuvieron que huir a Egipto con el Niño Jesús. Más tarde tuvo que ver cómo la gente se volvía en contra de Jesús y lo clavaba en una cruz. Debemos ser fieles a Dios en todo momento y lugar, como lo fue María.

Podemos pedir a María que ore a Dios por nuestra familia. María no es sólo la madre de Jesús, es también la madre de todos nosotros. Ella es un signo de esperanza para nosotros y para nuestro mundo. El nacimiento de Jesús que no era sólo Dios, sino también hombre, es un signo del amor de Dios hacia todos nosotros. Dios ha venido a estar con nosotros, como estaba con María.

Pregunta de Adviento

- ¿Cómo podemos decir sí a Dios como María?

Actividad de Adviento

Lean juntos las historias sobre María en una Biblia infantil. Encontrarán grandes historias que narran cómo María dijo sí a Dios cuando se le apareció el ángel Gabriel, y cómo se puso en camino para visitar a su prima Isabel. Cuando se termine la historia, pidan a María que ruegue a Jesús por su familia. Pueden ayudarse de la oración que aquí se propone, u otra oración semejante.

Oración de Adviento

María,
te honramos como madre de Dios y como madre nuestra.
Eres para nosotros, un ejemplo de cómo ser fieles a Dios.
Te pedimos que ruegues por nuestra familia
ante tu hijo, nuestro Señor Jesucristo.
Amén.

Perdonar a los demás

Reflexión de Adviento

¿Es fácil perdonar a quien te ha hecho daño? Dios nos llama a perdonar a los demás, como Él nos perdona. Debemos compartir con los demás el perdón de Dios y su paz.

El tiempo de Adviento nos ofrece una maravillosa oportunidad de perdonar a los demás. También se nos invita a pedir perdón a quien hayamos podido herir con nuestras palabras o acciones. Debemos hacerlo incluso cuando nos resulta difícil o cuando la persona que nos ha herido no nos pide perdón. Es también un tiempo para dejar atrás los resentimientos. Nos herimos a nosotros mismos y a los demás cuando nos aferramos a nuestro enojo.

El Adviento es un momento para ser portadores de paz en nuestras familias, en nuestras comunidades y en nuestro mundo. El primer paso para vivir en paz es el perdón. Al buscar la paz en nuestras propias vidas, debemos también unir nuestras oraciones a las de otras personas a lo largo del mundo, para lograr la paz.

Pregunta de Adviento

- ¿Por qué es importante que perdonemos a los demás?

Actividad de Adviento

Cada uno de nosotros tiene oportunidades para hacer la diferencia. Podemos intentar, por un día, llevarnos bien con alguien difícil, o hablar positivamente de otra persona. Debemos usar palabras y gestos pacíficos en lugar de palabras de ira.

Pensemos de qué manera nuestra familia puede vivir como pacificadora. Elijamos un modo en que nuestra familia pueda ser portadora de paz y hagámoslo esta semana.

Oración de Adviento

Dios de amor, sabemos que eres un Dios que nos perdona cuando hemos hecho el mal. Danos la fortaleza en este tiempo de Adviento para perdonar a quienes nos han herido, y abandonar nuestros resentimientos hacia los demás. Te lo pedimos en el nombre de Jesús.

Amén.

Dense un tiempo para ser agradecidos

Reflexión de Adviento

¿Se detienen de vez en cuando para recordar las bendiciones recibidas? El Adviento ofrece a nuestra familia la oportunidad de decir a Dios que estamos agradecidos por todo lo que ha hecho por nosotros.

Hay muchas personas que son una bendición en nuestra vida. Podemos agradecerles todo lo que han hecho por nosotros, al igual que agradecemos a Dios las muchas maneras en que esas personas han bendecido nuestra vida. Cuando decimos a alguien que es una bendición, estamos compartiendo el amor de Dios con los demás.

Es importante que las familias vivan en esperanza. En este Adviento celebremos que somos el pueblo de Dios, alabándolo por todas sus bendiciones. Salgamos al encuentro de los demás. Tomémonos el tiempo de decir a las personas lo que significan para nosotros. No hay mejor manera de comenzar el nuevo año.

Pregunta de Adviento

- ¿Cuáles son las bendiciones que nuestra familia debe agradecer a Dios?

Actividad de Adviento

Piensen de qué manera pueden agradecer a las personas que son una bendición para su familia. Puede ser un maestro o una maestra, un amigo de la familia o alguien que nos ayudó de manera especial. Podemos llamarles por teléfono, escribirles una nota o enviarles un e-mail. ¿Alguna otra idea? Planeen cómo realizarlo durante el tiempo de Adviento.

Oración de Adviento

Dios de toda bendición, durante este tiempo de Adviento
te alabamos por enviarnos a tu hijo Jesucristo.
Te damos gracias por los muchos dones
que has dado a nuestra familia.
Por tu amor hacia cada uno de nosotros.
Enséñanos a ser agradecidos por todos tus beneficios
y a compartir lo que hemos recibido.
Amén.

Anhela recibir al Señor

Reflexión de Adviento

¿Desearías tener otra oportunidad para hacer las cosas bien? Durante el tiempo de Adviento tenemos otra oportunidad para vivir según lo que fuimos creados, personas de amor y paciencia.

A veces no somos pacientes. Queremos las cosas aquí y ahora. Sin embargo, si no tuviéramos las cuatro semanas de Adviento, nos perderíamos muchas cosas. Este período nos ayuda a recordar lo que estamos esperando: no los regalos bajo el árbol, sino al Señor que viene como Salvador para todos. Nuestras acciones de afecto y paciencia durante el Adviento, pueden ayudar a los demás a llegar a Cristo. Todos queremos el amor en nuestras vidas. Durante el Adviento, nos damos cuenta de que aquello que deseamos ya estaba ahí. Sólo era necesario abrir nuestros corazones y nuestras vidas a los demás, para descubrir el amor de Dios por cada uno de nosotros.

Pregunta de Adviento

- ¿De qué manera puede nuestra familia llevar el amor de Dios a los demás?

Actividad de Adviento

Comencemos una nueva tradición familiar para el Adviento. Contribuyamos con alguna ayuda para una organización que marque la diferencia en la vida de los demás. No tiene que ser una gran cantidad. De hecho, ni siquiera tiene que ser dinero —a veces, la mejor contribución es el don de nuestro tiempo en servicio a nuestros semejantes. Decidan juntos, como familia, a qué organización van a apoyar. Después hagan su donación de amor. Recuerden orar por las personas necesitadas de todo el mundo con la siguiente oración.

Oración de Adviento

Dios de todas las naciones, durante este santo tiempo de Adviento anhelamos con esperanza la llegada de Jesús. Ayúdanos a recordar que Jesús vino para todas las naciones y todos los pueblos.
Que nuestra familia trabaje unida para realizar tu Reino.
Ven, Señor Jesús.
Amén.

Tiempo de maravillarnos

Reflexión de Adviento

¿Alguna vez te has sentido verdaderamente sorprendido? Dios va más allá de cualquier expectativa al enviarnos a su propio Hijo como Salvador. ¡Qué sorpresa tan maravillosa! Nuestro Dios, es un Dios que nos ama de manera impresionante. Dios es más grande de lo que podemos imaginar.

El Adviento es un tiempo para maravillarnos, al reflexionar sobre lo que Dios ha hecho por nosotros. Anhelamos con esperanza celebrar al Niño del pesebre, que es el Salvador en la cruz. Reflexionemos en todo lo que significa la venida de Jesús para nosotros y para nuestro mundo.

Nuestra familia debe seguir el camino del amor que nos mostró Jesucristo. Debemos salir al encuentro de otras personas porque cada uno de nosotros está creado a imagen y semejanza de Dios. Debemos amar a los demás en el nombre de Dios porque de ese modo le alabamos. Hemos de compartir con los demás, los dones que Dios nos ha dado como familia durante este tiempo de maravilla.

Pregunta de Adviento

- ¿De qué manera podemos salir al encuentro de los demás en este Adviento?

Actividad de Adviento

Imagina cómo sería el mundo si viviéramos el Adviento todos los días. La gente viviría en paz, nadie pasaría necesidad pues todos ayudaríamos a los demás, juntos alabaríamos a Dios todos los días. Si usamos nuestra imaginación, podemos tener una visión de cómo sería el mundo según el deseo creador de Dios. Después, podemos trabajar para hacerlo realidad.

Comenten en familia cómo sería el mundo si todos vieran a Jesús en cada persona. Compartan sus pensamientos e ideas con los demás. ¿De qué manera nuestra familia puede hacerlo realidad?

Oración de Adviento

Dios de todos los pueblos, te damos gracias y te alabamos
por todo lo que has hecho por nosotros.
Haz que durante este tiempo de Adviento, nuestra familia
encuentre la manera de compartir tu amor con los demás.
Amén.

Búsqueda bíblica

Durante el tiempo de Adviento nos preparamos para la venida de Jesús. Nos disponemos a celebrar lo que Jesús significa para nosotros en nuestros corazones y en nuestras vidas. Hemos sido llamados a compartir el amor de Dios con los demás, a través de nuestras palabras y acciones. La lectura de Isaías que escuchamos durante el Adviento nos recuerda que debemos prepararnos para la venida del Señor.

A continuación rellenen juntos como familia, los espacios en blanco con las palabras de Isaías 40:3–5. Utilicen las palabras que se ofrecen abajo. Después lean juntos el pasaje. Estos versículos hablan hoy a nuestras vidas y a nuestra fe en Jesucristo.

_ _ _ _ _ el camino a Yavé en el desierto;

en la estepa tracen una _ _ _ _ _ para Dios;

que todas las quebradas sean _ _ _ _ _ _ _ _ _ _

y todos los cerros y _ _ _ _ _ sean rebajados;

que se _ _ _ _ _ _ _ las cuestas

y queden las colinas como un _ _ _ _ _.

Porque aparecerá la gloria de _ _ _ _

Abran **llano**

aplanen **Yavé**

lomas **senda**

rellenadas

Sopa de letras

Las lecturas del segundo domingo de Adviento nos ayudan a continuar nuestro camino rumbo a la Navidad. Mantenemos la esperanza de celebrar la venida de Jesús en un establo de Belén. Estamos llamados a compartir esa esperanza con los demás.

Al final de esta página, encontrarán algunas palabras de las lecturas del segundo domingo de Adviento. Trabajen juntos como familia para encontrar el mayor número posible. Las letras pueden ser usadas en más de una palabra.

B	I	E	N	V	E	N	I	D	A
A	A	R	S	A	E	O	N	T	Z
U	E	U	X	P	C	J	E	O	N
T	S	P	T	A	E	F	N	N	A
I	P	A	M	I	O	R	N	I	R
S	O	I	U	R	S	P	A	E	E
M	N	A	P	N	O	M	Q	R	P
O	I	J	E	S	U	S	O	M	S
D	E	U	T	I	R	I	P	S	E
P	R	E	P	A	R	A	R	C	W

REINO
PAZ
ESPÍRITU
ESPERANZA
PREPARAR
ESPERAR
JESÚS
BAUTISMO
CAMINO
BIENVENIDA
PROFETA

Tercera Semana de Adviento

EVANGELIO DE CADA DOMINGO:
DAR TESTIMONIO, COMO TESTIGO DE LA LUZ. JUAN 1:7

Los evangelios de esta semana comienzan a disponernos a la venida de Cristo. Juan Bautista es un mensajero, enviado por Dios, para compartir la buena noticia de Jesús. Al recibir esta noticia debemos aprender a vivir nuestra fe en Jesucristo con alegría.

Ser seguidores de Jesús no es un título extra en nuestra vida. Estamos llamados a cambiar toda nuestra vida para seguirle.

Estén siempre alegres en el Señor.

FILIPENSES 4:4

A éste se refiere el texto de la Escritura: Yo voy a enviar mi mensajero delante de ti, para que te preceda abriéndote el camino.

MATEO 11:1

Juan fue testigo de Jesús. Preparó el camino. Esta semana es un buen momento para revisar los preparativos en nuestras vidas, ante la inminente venida de Jesucristo en Belén. ¿Nos estamos preparando con fiestas y complicadas decoraciones? ¿ O más bien estamos haciendo tiempo para la oración y la generosidad con los demás?

¿Nos estamos preparando adecuadamente para la venida de Jesús?

Vino un hombre, enviado por Dios, que se llamaba Juan. Vino para dar testimonio, como testigo de la luz, para que todos creyeran por él.

JUAN 1:6–7

La luz es una poderosa imagen para nosotros. Todo nuestro mundo depende de la luz del sol. De igual modo, nosotros necesitamos a Jesús como luz del mundo para mostrarnos el camino hacia el Padre. Necesitamos volver a la luz de Jesucristo en nuestras vidas.

¿Cómo podemos convertirnos en pueblo de la luz en este Adviento y dar testimonio de la luz en nuestras vidas?

El les contestaba: El que tenga dos capas, que dé una al que no tiene, y el que tenga de comer, haga lo mismo.

LUCAS 3:11

Juan recuerda a quienes le escuchan que han de compartir unos con otros. Fuimos creados para la vida en sociedad. Necesitamos unos de otros. Debemos mirar las necesidades de los demás, más allá de nuestros propios deseos. Jesús nos enseña con su ejemplo, que hemos de cuidar de los demás. Debemos compartir lo que tenemos con otras personas para que ellos tengan lo que necesitan.

¿De qué manera podemos compartir nuestros bienes con los demás?

Compartir el amor de Dios

Reflexión de Adviento

¿Alguna vez recibiste un regalo realmente especial? El tiempo de Adviento es un don maravilloso en nuestras vidas. Es una oportunidad de vivir en el amor y de compartir el amor de Dios con los demás.

Dios nos creó con un corazón lleno de amor para salir al encuentro de los demás. Sin embargo, a veces no compartimos ese amor de Dios. En este Adviento, deberíamos darnos la oportunidad de compartir los recursos del mundo que Dios nos dio. Sólo entonces estaremos viviendo según el designio creador de Dios.

Estamos llamados a compartir el amor de Dios, según el ejemplo de Jesucristo. Podemos hacerlo mostrando compasión hacia otras personas. Hemos de servir a los demás a ejemplo de Jesucristo, servidor de todos; debemos marcar la diferencia en nuestras comunidades y en nuestro mundo. Podemos hacerlo con nuestras palabras, nuestras acciones y nuestras oraciones.

Pregunta de Adviento

- ¿Cómo puedo compartir hoy el amor de Dios?

Actividad de Adviento

En este Adviento, podemos salir al encuentro de los demás ofreciendo una mano amiga a quien pasa dificultad. Este período del año puede ser especialmente difícil para quien vivirá la Navidad sin un ser querido o con alguno seriamente enfermo.

¿De qué manera nuestra familia puede llevar esperanza a la vida de por lo menos una persona durante este Adviento? Algunas ideas: visitar a algún anciano en una residencia de tercera edad; invitar en Navidad a un amigo de la familia cuyos seres queridos viven lejos; enviar una tarjeta para apoyar a alguien que esté pasando dificultades en este tiempo. Juntos podemos elegir una idea para hacerla realidad esta semana.

Oración de Adviento

Dios de la fe, la esperanza y el amor, te damos gracias por este tiempo de Adviento con sus innumerables posibilidades. Fortalece a nuestra familia para que compartamos y vivamos en tu amor, siendo personas compasivas todos los días. ***Amén.***

Haz la diferencia

Reflexión de Adviento

¿Alguna vez has tenido la impresión de que lo que haces no parece importar a los demás? Cada uno de nosotros es importante para Dios. Cada uno de nosotros puede hacer la diferencia en la vida de los demás.

A medida que se acerca la Navidad deberíamos reflexionar en la manera en que estamos viviendo el tiempo de Adviento. Deberíamos buscar oportunidades para mostrar compasión con los necesitados, incluso en medio de nuestros propios problemas. Podemos ofrecer una mano amiga, incluso cuando pensamos que no tenemos tiempo. Podemos compartir el amor de Dios, incluso cuando queremos guardarlo para nosotros mismos.

La gente puede pensar que lo que hacemos no tiene importancia, pero no es así. Paso a paso, persona a persona, podemos cambiar las vidas de los demás. Nada es imposible para Dios.

Pregunta de Adviento

- ¿Cómo puede nuestra familia hacer la diferencia en la vida de otra persona durante este Adviento?

Actividad de Adviento

Salgan al encuentro de algún nuevo miembro de la parroquia. Inviten a otra familia a participar en alguna actividad de Adviento en su hogar o en su parroquia. De esta manera ayudarán a los recién llegados a integrarse con la parroquia, la comunidad, el vecindario o la escuela.

Oración de Adviento

Padre de todos nosotros,
durante el santo tiempo de Adviento
te damos gloria y alabanza.
Ayuda a nuestra familia, a prepararse para celebrar
la venida de Cristo en esta Navidad.
Que compartamos con los demás el espíritu de esperanza,
propio de este tiempo.
Amén.

MARTES: TERCERA SEMANA DE ADVIENTO

Compartir la buena noticia

Reflexión de Adviento

¿De qué manera compartes una buena noticia? Juan Bautista compartió la buena nueva de la llegada de Jesús. Nosotros deberíamos hacer lo mismo.

Durante el Adviento nos preparamos para la venida de Jesucristo. Como iglesia, indicamos a los demás el camino hacia Jesús. La manera en que utilizamos nuestro tiempo y energía muestra a los demás aquello en lo que creemos. Analicemos el modo en que vivimos el tiempo de Adviento, para ver si nuestra fe se refleja en nuestras acciones.

El verdadero significado de la Navidad no está en los regalos y en la fiesta; se encuentra en un establo y una estrella. El Niño que nace en el establo es el Salvador del mundo. El modo en que vivimos nuestras vidas debe hacer visible a Cristo a los demás. En este Adviento podemos recorrer nuestro camino hacia Belén, con amor a Dios y a los demás.

Pregunta de Adviento

✦ ¿Cómo pueden los demás ver a Cristo en nosotros?

Actividad de Adviento

Preparen, como familia, una escena de nacimiento para recordar la buena noticia que vamos a celebrar. Hablen del amor de Dios hacia ustedes. Repasen la historia de Navidad leyendo del evangelio de Lucas 2:1–19. Coloquen las figuras en el nacimiento a medida que son nombradas en el texto. Al final coloquen a los pastores, los primeros testigos del milagro de Navidad.

Oración de Adviento

Señor Jesucristo,
ayúdanos a anunciar a los demás la buena noticia,
como lo hizo Juan Bautista.
Da a nuestra familia la valentía de seguirte
y de acoger a otros en tu nombre.
Que seamos testigos de tu amor para con todos,
en todo lo que hacemos y decimos cada día.
Amén.

Exploren las posibilidades del tiempo

Reflexión de Adviento

¿Alguna vez piensas que tu vida pudo haber sido diferente? El tiempo de Adviento está lleno de un sinfín de posibilidades. Podemos aprovechar la oportunidad de cambiar nuestra vida, porque con Dios todo es posible.

Durante el Adviento se nos invita a salir al encuentro de los demás en nombre de Jesús. Recordemos a quienes se sienten olvidados; a las personas que luchan con sus enfermedades; a aquellos que viven en la pobreza. Debemos descubrir a Jesús en los demás y ofrecerles la esperanza de Dios para este tiempo.

Utilicemos nuestra imaginación para descubrir nuevas oportunidades de mejorar nuestra vida y el mundo en que vivimos. En Navidad nos damos cuenta de que podemos vivir nuestras vidas en fe, esperanza y amor, durante todo el año. El Adviento, bien vivido, debería ponernos en un camino que no termina con la Navidad.

Pregunta de Adviento

- ¿Qué posibilidades tenemos de cambiar nuestras vidas y nuestro mundo?

Actividad de Adviento

En este Adviento, deberíamos mirar más allá de nuestra propia vida y aprender sobre las personas necesitadas en otros lugares del mundo. De esta manera, descubriremos las difíciles condiciones en que viven muchas familias en el mundo de hoy. La conciencia es el primer paso para la acción.

Conversen en familia, sobre un artículo de periódico o una noticia de Internet, que nos abra los ojos ante los acontecimientos y problemas de las personas en otros países que no conocemos, o de los que no hemos oído hablar. ¿Cómo podemos ayudar a paliar su sufrimiento? Recuerden que la oración es un buen paso para comenzar.

Oración de Adviento

Santo Espíritu de amor, durante este santo tiempo de Adviento, sabemos que estás con nuestra familia cuando nos reunimos a orar. Ayuda a nuestra familia a compartir la esperanza en Jesucristo ahora y siempre.

Amén.

JUEVES: TERCERA SEMANA DE ADVIENTO

Que el Señor actúe a través de nosotros

Reflexión de Adviento

¿Es fácil decir sí cuando nos piden hacer algo? María debió haber sentido temor cuando el ángel le trajo el mensaje de Dios. Ciertamente, ella no esperaba ver un ángel aparecer en medio de su día.

Sin embargo, María dijo sí a Dios. Permitió que Dios obrara a través de ella para traer al Salvador a este mundo. Nosotros también debemos cooperar con lo que Dios tiene pensado para nosotros. Debemos tener la valentía para decir sí al plan de Dios.

María alabó a Dios, a través del Magníficat, por todo lo que había ocurrido. Esta debe ser también nuestra oración. Dios ha hecho cosas grandes por nosotros. Debemos proclamar la grandeza de Dios a los demás y alegrarnos en Dios. Dios puede hacer grandes cosas en nuestra familia si le permitimos actuar a través de nosotros.

Pregunta de Adviento

- ¿Cómo podemos permitir a Dios actuar a través de nuestra familia?

Actividad de Adviento

Lo que no logramos por nosotros mismos, lo podemos hacer con la ayuda de Dios. Pero debemos dejar que Dios obre en nosotros. Conversemos en familia sobre cómo podemos estar abiertos a la presencia de Dios en nuestra vida. Puede resultar complicado encontrar a Dios, especialmente si estamos pasando por un tiempo de dificultad. ¿A qué desafíos nos hemos enfrentado recientemente, como familia o como individuos? ¿De qué manera podemos abrir nuestro corazón al amor de Dios y comenzar a sanar? ¿Cómo podemos recordar que Dios siempre está con nosotros?

Oración de Adviento

Dios, Padre de todos nosotros, te damos gracias por María,
que dijo sí a tu invitación para ser la madre de Jesús.
Que nosotros también hagamos tu voluntad en nuestras vidas,
incluso cuando nos resulte difícil. Fortalece a nuestra familia
para responder a los desafíos en nuestras vidas y darte gloria.
Amén.

VIERNES: TERCERA SEMANA DE ADVIENTO

Aguardar con alegre esperanza

Reflexión de Adviento

¿Las cosas buenas requieren de tiempo? Mucho antes de la venida de Jesús, el profeta Isaías mantuvo viva, la esperanza en un salvador. Pidió al pueblo que permaneciera fiel al Dios que siempre había sido fiel. El pueblo de Israel esperó por miles de años un redentor. Fue difícil, pero no perdieron la esperanza en Dios. Entonces Dios cumplió la promesa de un modo que nunca nadie habría imaginado.

A veces vemos el Adviento como un tiempo para hacer una larga lista de mandados antes de Navidad. Se nos olvida dejar tiempo para lo que es importante. En este Adviento podemos esforzarnos por no perder de vista la razón de ser de este período. Aguardamos en alegre esperanza porque conocemos el desenlace de la historia. Dios ha cumplido la promesa que hizo a su pueblo. ¡Jesús viene!

Pregunta de Adviento

- ¿Cuál es tu tradición favorita de Adviento o Navidad?

Actividad de Adviento

En ocasiones actuamos como si todo dependiera de nosotros. Olvidamos lo que es verdaderamente importante. En lugar de confiar en Dios, nos apresuramos para tratar de hacerlo todo.

Este año, optemos por mantener las tradiciones de Navidad que tienen significado para los miembros de la familia. O podemos comenzar una nueva tradición, que tenga a Cristo como centro de nuestras celebraciones familiares.

Oración de Adviento

Dios de la gloria,
te damos gracias por mantener la promesa
que hiciste a tu pueblo.
Te alabamos por enviarnos a Jesús,
como niño en la Navidad y como salvador en la Pascua.
Ayúdanos como familia, a prepararnos para celebrar la Navidad
en todo lo que hacemos y decimos.
Amén.

Confiar en Dios

Reflexión de Adviento

¿Alguna vez cumpliste con lo que debías, a pesar de ser difícil? Es lo que hizo José. Cumplió con lo que Dios quería de él y confió en el plan de Dios. Debió haber sido una persona de gran fe y valentía. Dios elegiría una persona así para cuidar de Jesús.

Debemos seguir el ejemplo de José y cumplir nuestro deber, sin importar lo que la gente pueda pensar de nosotros. Dios ha sido fiel a las promesas que hizo a su pueblo. Nosotros por nuestra parte, debemos ser fieles a nuestro Dios.

En ocasiones nos preocupa demasiado lo que los demás piensan de nosotros. Buscamos la ropa que usan los demás, los mismos aparatos electrónicos, el mismo auto... En este Adviento, busquemos recordar lo que Dios piensa de nosotros y lo que espera de nosotros.

Pregunta de Adviento

- ¿Por qué es más importante ocuparnos de Dios que de la opinión de los demás?

Actividad de Adviento

Dios nos da esperanza incluso cuando la vida es difícil. Ignoramos qué nos depara el futuro, pero sabemos que Dios siempre estará con nosotros. Dios es nuestro creador y cada uno de nosotros tiene dones y talentos para compartir con los demás.

Conversen en familia sobre cómo confiar siempre en Dios. ¿Qué significa para nosotros confiar en Dios? ¿Por qué es difícil confiar en Dios cuando queremos tener el control?

Oración de Adviento

Dios de la esperanza,
en este tiempo de Adviento,
llena nuestros corazones de fe
y nuestras vidas de tu amor.
Ayuda a nuestra familia a tener la valentía
de hacer lo que se debe, como hizo José.
Que seamos fieles a ti en todo momento y lugar.
Amén.

Búsqueda bíblica

El Adviento es un tiempo de oración y de compartir el amor de Dios con los demás. Nos alegramos porque estamos preparándonos para celebrar la venida de Jesús. Dios nos ama con un amor infinito y la prueba de ello es que nos envió a su hijo. La Escritura nos ayuda a recordar que fuimos creados para la vida con Dios y que debemos alegrarnos en Jesucristo nuestro Señor.

La lectura de la primera carta a los Tesalonicenses que escuchamos en el tercer domingo de Adviento nos invita a la alegría. A continuación rellenen juntos como familia, los espacios en blanco con las palabras de 1 Tes 5:16–18, 23. Utilicen las palabras que se ofrecen abajo.

Estén siempre alegres, _ _ _ _ sin cesar

y den _ _ _ _ _ _ _ a Dios en toda ocasión;

ésta es, por voluntad de _ _ _ _,

su vocación de cristianos.

Que el Dios de la _ _ _ los haga santos en toda su persona.

Que se digne guardarlos sin reproche

en su _ _ _ _ _ _ _ _, su alma y su cuerpo

hasta la _ _ _ _ _ _ de Cristo Jesús, nuestro Señor.

venida **gracias**

paz **Dios**

Espíritu **oren**

Sopa de letras

Las lecturas de la tercera semana de Adviento nos ayudan a alabar a Dios por todo lo que ha hecho por nosotros. Nos recuerdan que estamos llamados a compartir la buena noticia de Jesucristo con los demás.

Al final de esta página, encontrarán algunas palabras de las lecturas de la tercera semana de Adviento. Trabajen juntos como familia para encontrar el mayor número posible. Las letras pueden ser usadas en más de una palabra.

A	L	E	G	R	E	N	S	E	M
L	T	E	S	T	I	G	O	P	C
A	V	W	S	A	I	C	A	R	G
B	S	G	H	F	O	C	E	O	O
A	U	R	A	C	I	E	S	C	C
N	S	E	S	O	R	E	G	L	L
Z	E	Z	N	U	S	Ñ	L	A	A
A	J	D	I	O	S	F	O	M	M
D	S	S	E	N	O	I	C	A	N
C	O	M	P	A	R	T	I	R	R

TESTIGO	COMPARTIR	DIOS
JESÚS	ALÉGRENSE	CREER
ALABANZA	PROCLAMAR	GRACIAS
NACIONES	BUENO	FIEL

Cuarta semana de Adviento

EVANGELIO DE CADA DOMINGO:
"PARA DIOS, NADA ES IMPOSIBLE". (LUCAS 1:37)

Dichosos ustedes por haber creído.
LUCAS 1:45

Los evangelios de esta semana centran su atención en la manera en que Dios obra a través de las personas. Nos narran las historias de José, María e Isabel que colaboran en el plan de Dios para el pueblo escogido. Son un ejemplo de fe para todos nosotros.

El Ángel del Señor se le apareció en sueños y le dijo: "José, descendiente de David, no tengas miedo de llevarte a María, tu esposa, a tu casa; si bien está esperando por obra del Espíritu Santo".

MATEO 1:20

José cumple con la voluntad de Dios y mantiene su compromiso con María. Pone su confianza en Dios, aunque esté preocupado. Nosotros debemos confiar también en Dios en los momentos difíciles de nuestra vida. Es lo que marca la diferencia.

¿De qué manera podemos mostrar

nuestra confianza en Dios, incluso en los momentos difíciles?

"También tu parienta Isabel está esperando un hijo en su vejez... Para Dios, nada es imposible". Dijo María: "Yo soy la servidora del Señor, hágase en mí tal como has dicho".

LUCAS 1:36-38

María tiene preguntas que hacer al ángel, pero acepta la voluntad de Dios. De igual manera, nosotros hemos de decir sí a lo que Dios nos pide. Nada es imposible para Dios y el plan de Dios siempre es para nuestro bien.

¿Qué cosas, aparentemente imposibles, ha hecho Dios en nuestras vidas?

Isabel se llenó del Espíritu Santo y exclamó en alta voz: "¡Bendita tú eres entre las mujeres y bendito el fruto de tu vientre! ¿Cómo he merecido yo que venga a mí la madre de mi Señor?"

LUCAS 1:41-43

Una vez que el ángel se retira, María va a visitar a su prima Isabel, embarazada de Juan Bautista. Cuando María llega a su casa, Isabel la saluda con alegría. Las palabras que pronuncia Isabel, forman parte del Ave María que rezamos en honor a la Virgen. Isabel abre su corazón y su vida a la voluntad de Dios. ¡Sigamos su ejemplo! Vivamos nuestra llamada a ser personas de Adviento, como Isabel.

¿Cómo podemos abrir nuestro corazón a Dios?

Ver a Jesús en los demás

Reflexión de Adviento

¿Existe alguna persona en tu vida con la que siempre puedes contar? Jesús envió el Espíritu Santo para ayudarnos a cada uno de nosotros. Durante este Adviento oremos al Espíritu Santo, para que llene nuestros corazones con el amor de Dios y con amor por los demás.

A nuestro alrededor pululan personas que luchan para sobrevivir cada día. Hemos de salir al encuentro de quienes sufren enfermedad, soledad o viven en pobreza. Hemos sido llamados a llevar la buena noticia de Jesucristo a esas personas que luchan y a recordar que todos están hechos a imagen de Dios.

En ocasiones no descubrimos la presencia de Jesucristo en los demás. Pensamos que, por pertenecer a una generación, estatus económico o cultura diferente, no tienen nada que enseñarnos. ¡Por el contrario! Tienen mucho que enseñarnos si les abrimos nuestras vidas y corazones.

Pregunta de Adviento

- ¿Cómo podemos descubrir la presencia de Dios en nuestra vida y en la de los demás?

Actividad de Adviento

Al acercarse el final del Adviento, respiremos hondo en medio del ajetreo diario. Tomémonos un tiempo como familia y recordemos para qué nos estamos preparando. ¿Por qué es tan importante la Navidad? Elaboremos una lista de las cosas importantes que debemos hacer, como familia, para prepararnos a la venida de Jesús. Colóquenla en algún lugar visible para no olvidarlo.

Oración de Adviento

Dios, tú eres Padre, Hijo y Espíritu Santo.
Alabamos tu santo nombre a medida
que se acerca la celebración de la Navidad.
Renueva nuestros corazones y nuestras vidas y llénalas de tu amor.
Que nuestra familia comparta tu amor con los demás
en todas sus actividades durante el Adviento.
Amén.

Esperanza en el amor de Dios

Reflexión de Adviento

¿Has tenido miedo alguna vez? Sabemos que Dios siempre está con nosotros, pero a veces tenemos miedo.

Los profetas del Antiguo Testamento mantuvieron viva la promesa de un Salvador, incluso cuando el pueblo elegido tenía miedo. Los profetas exhortaron al pueblo a ser fiel a Dios, porque nuestro Dios es un Dios de esperanza. Él cumplió su promesa, de una manera que nunca habríamos podido imaginar. El Hijo de Dios vino a nosotros como Maestro y Salvador.

Nosotros también estamos llamados a confiar en Dios. Durante el Adviento, anticipamos con ilusión la celebración de la Navidad. Lo importante no es tanto lo que hacemos, sino lo que Dios ha hecho por nosotros. Recordamos todo lo que Él ha hecho por nosotros como personas y como familia. Tenemos muchas cosas por las que debemos estar agradecidos, especialmente por el amor de Dios por cada uno de nosotros.

Pregunta de Adviento

- ¿Cómo sabemos que Dios nos ama?

Actividad de Adviento

Elaboren en familia algunos adornos de Navidad, como recuerdos de Jesús que nace en un establo y muere en una cruz por amor. Si conservan las tarjetas de Navidad del año pasado, recórtenlas en forma de cruz. Pueden también buscar imágenes en internet o dibujarlas. Con la ayuda de un cordón cuélguenlas en el árbol. Son adornos sencillos, pero muy significativos para el árbol de Navidad.

Oración de Adviento

Dios de amor,
te damos gracias por el amor infinito que tienes
por cada uno de nosotros y por todo el pueblo.
Ayúdanos a recordar
que siempre estás con nosotros todos los días.
Haz que confiemos en ti,
incluso cuando otros estén en nuestra contra.
Ponemos nuestra esperanza en Dios.
Amén.

MARTES: CUARTA SEMANA DE ADVIENTO

Abran Sus Corazones

Reflexión de Adviento

¿Alguna vez has ayudado a alguien que de verdad lo necesitara? El Adviento es un período para abrir nuestros corazones a las necesidades de los demás. Estamos llamados a llevar la luz del amor de Cristo a los demás, con nuestras palabras y obras. Estamos llamados a ser signos de esperanza en nuestro mundo.

El Adviento es un tiempo maravilloso, lleno de esperanza por la promesa de la Navidad. Compartir el amor de Dios, llena de esperanza a la gente cuya vida está llena de dificultades. Hemos sido llamados a llevar a Cristo a los pobres, los enfermos, los refugiados, los abandonados, a los que están de luto y a aquellos para quienes la vida es un desafío. Cuando salimos al encuentro de los demás y les dedicamos nuestro tiempo, abrimos nuestros corazones y compartimos nuestra esperanza en Jesús.

Pregunta de Adviento

- ¿Quién puede necesitar la ayuda de nuestra familia?

Actividad de Adviento

Abramos nuestro corazón a las necesidades de las personas a nuestro alrededor. Como familia, hagamos una lista de aquellos a los que podemos ayudar. Por ejemplo, podemos darnos el tiempo de escuchar a quien necesita hablar; o podemos ofrecer palabras de ánimo a quien enfrenta dificultades. ¿De qué otro modo podemos ayudar a la gente de nuestra comunidad? Elijamos una de esas acciones para realizarla antes de Navidad.

Oración de Adviento

Señor Jesucristo,
sabemos que viniste a enseñarnos
el amor que el Padre tiene para todos.
Durante este tiempo de Adviento,
ayuda a nuestra familia a vivir en amor mutuo.
Que abramos nuestros corazones
y salgamos en tu nombre, al encuentro de los demás.
Amén.

Dense un tiempo para recordar

Reflexión de Adviento

¿Alguna vez has olvidado algo? Dios nunca nos olvida. Dios nunca se apartará de nosotros. Dios siempre estará con nosotros. Podemos confiar en Dios, porque nuestro Dios es un Dios de amor infinito.

Durante el tiempo de Adviento recordamos lo que Dios ha hecho por nosotros y nos preparamos como familia a la celebración de la Navidad. Sabemos que Dios ha cumplido la promesa que hizo a su pueblo de enviar un Salvador. El propio Hijo de Dios vino a nosotros como Maestro y Salvador.

Tenemos mucho que agradecer en este tiempo, especialmente el amor de Dios por cada uno de nosotros. Es importante recordar todo lo que Dios ha hecho por nosotros y compartir ese amor de Dios con los demás en nombre de Jesucristo nuestro Señor.

Pregunta de Adviento

- ¿De qué manera puede nuestra familia, dar gracias a Dios por todo lo que ha hecho por nosotros?

Actividad de Adviento

Hagan una auténtica fiesta cuando pongan el árbol de Navidad. Chocolate caliente, dulces, música navideña... Hagan de esta actividad un gran momento familiar. Inviten a los demás a vivir esta tradición en familia.

Oración de Adviento

Maravilloso Dios,
te damos gracias por el amor que tienes
por cada uno de nosotros.
Tú eres fiel a las promesas
que hiciste a tu pueblo.
Durante este tiempo de Adviento haz
que nuestra familia viva con alegría,
porque tú estás siempre con nosotros.
Amén.

JUEVES: CUARTA SEMANA DE ADVIENTO

Vuélvanse a Dios

Reflexión de Adviento

¿Hay alguien en tu vida en quien confías? Siempre podemos confiar en Dios, porque nuestro Dios es maravilloso. Incluso cuando no somos fieles, Dios nunca se aparta de nosotros.

Durante el Adviento, recordamos cómo Dios ha sido fiel a su pueblo en todas las edades. Por el poder del Espíritu Santo, Dios Padre nos envió a Jesucristo como Salvador. Jesús nos mostró cómo hemos de vivir y nos demostró que siempre podemos confiar en Dios.

En este Adviento, vuélvanse a Dios. Recuerden qué es lo que en verdad celebramos: la venida de Jesús. Juntos nos volvemos hacia la luz y el amor de la Navidad. De este modo podemos descubrir la vida para la que fuimos creados por nuestro Dios.

Pregunta de Adviento

- ¿En estos últimos días de Adviento, hacia dónde hemos de volvernos?

Actividad de Adviento

Incluso aquellos días en que todo parece ir mal, podemos encontrar algo para dar gracias y alabar a Dios. Pensemos en el mundo que Dios hizo para nosotros y cómo Dios nos ama con amor infinito. Elaboren una lista de 10 cosas por las que pueden dar gracias a Dios como familia. Un miembro de la familia puede escribirla. A continuación, oren en agradecimiento a Dios por las bendiciones recibidas.

Oración de Adviento

Dios, Padre de todo el pueblo,
te damos gracias por enviarnos a Jesús
como Salvador y Redentor.
Que volvamos nuestros corazones y nuestras vidas
hacia ti en este tiempo de Adviento.
Capacita a nuestra familia para compartir tu amor con los demás,
como lo hizo Jesús.
Amén.

Hablen con Dios

Reflexión de Adviento

¿Alguna vez te has sentido solo? Dios siempre está con nosotros. Dios nunca se aparta de nosotros. Podemos hablar con Dios en cualquier tiempo o lugar. Dios siempre escucha nuestras oraciones.

Nuestro Dios maravilloso, nos llama a alegrarnos por Jesucristo, quien vino a mostrarnos cómo vivir y a redimirnos con su muerte y resurrección. Debemos celebrar que nunca estamos solos.

El tiempo de Adviento nos ofrece una maravillosa oportunidad para vivir nuestra fe como pueblo orante. La oración es un componente importante de nuestra relación con Dios. Debe formar parte del tejido de nuestras vidas. En la oración, levantamos nuestro corazón a Dios que nos creó y nos ama.

Pregunta de Adviento

- ¿De qué manera podemos orar juntos, como familia, durante el Adviento?

Actividad de Adviento

Esta Navidad den a la familia un regalo para compartir. Conversen juntos, para descubrir como familia algunos de los dones que les gustaría compartir. Por ejemplo: una tarde en el boliche, una visita al museo o un paseo por el parque. Recorten una imagen de la actividad a realizar y envuélvanla como regalo. Coloquen el regalo bajo el árbol para abrirlo en la mañana de Navidad. Aunque no sea una sorpresa, será divertido para todos compartir la ilusión de abrir un regalo más.

Oración de Adviento

Dios Creador,
levantamos nuestros corazones y nuestras oraciones hacia Ti,
durante este santo tiempo de Adviento.
Nuestra familia se alegra y te da gracias
por todo lo que has hecho por nosotros.
Fortalécenos para dar gloria a tu nombre,
en todo lo que digamos y hagamos en este día.
Amén.

SÁBADO: CUARTA SEMANA DE ADVIENTO

Ser pueblo de esperanza

Reflexión de Adviento

¿Alguna vez has perdido la esperanza en una situación difícil? Isaías fue el mayor profeta del Antiguo Testamento. Mantuvo viva la esperanza de un Redentor para el pueblo de Israel. Les recordó que Dios es fiel a la alianza que hizo con su pueblo, incluso cuando a ellos les resultaba difícil creer.

Nosotros también aguardamos en esperanza durante el Adviento, para celebrar a nuestro Señor Jesucristo. Jesús vino para todo el pueblo: pasado, presente y futuro. Recordamos su venida como niño en Belén y esperamos su regreso al final de los tiempos.

Es importante ser ejemplo de esperanza para los demás. De maneras especial para quienes encuentran difícil este tiempo del año. Podemos ayudar a los demás a encontrar consuelo en el amor infinito de Dios por cada uno de nosotros. El don de la esperanza es uno de los mayores dones que podemos compartir con los demás.

Pregunta de Adviento

- ¿Por qué es importante la esperanza para quien lucha en este Adviento?

Actividad de Adviento

Los miembros de la familia, pueden divertirse juntos haciendo una cadena de papel de colores, para usar como adorno de Navidad. Corten tiras de cartulina roja y verde, y únanlas en círculos, como eslabones de una cadena. Cada miembro de la familia puede hacer una sección de la cadena y luego combinarlas todas. Encuentren un buen lugar en la casa para colocar la cadena, tal como una chimenea o lo alto de una ventana.

Oración de Adviento

Dios de la esperanza, al vivir el tiempo de Adviento,
abre nuestros corazones a las necesidades de aquellos
que lo están pasando mal.
Que compartamos esperanza y amor
con los demás, en tu Santo Nombre.
Ayúdanos a recordar que estás con nosotros
en todo tiempo y lugar de nuestras vidas.
Amén.

Búsqueda bíblica

Durante el tiempo de Adviento, recordamos que María dijo sí a Dios. Aceptó ser la madre del propio Hijo de Dios. Hizo la voluntad de Dios aunque sabía que sería difícil y que cambiaría su vida para siempre. Nosotros también somos llamados a decir sí a Dios en nuestras vidas durante el Adviento. Honramos a María, por su misión de traer a Cristo al mundo como persona humana y como ejemplo para todos nosotros.

A continuación rellenen juntos, como familia, los espacios en blanco con las palabras de Lucas 1:34–38. Utilicen las palabras que se ofrecen abajo.

María entonces dijo al _ _ _ _ _:

«¿Cómo puede ser eso, si yo soy virgen?»

Contestó el ángel:

«El _ _ _ _ _ _ _ _ Santo descenderá sobre ti

y el _ _ _ _ _ del Altísimo te cubrirá con su sombra;

por eso el _ _ _ _ santo que nacerá

de ti será llamado Hijo de Dios.

También tu parienta Isabel está esperando

un _ _ _ _ en su vejez,

Para _ _ _ _, nada es imposible».

Dijo _ _ _ _ _: «Yo soy la servidora del Señor,

hágase en mí tal como has _ _ _ _ _».

niño	**ángel**	**hijo**
Dios	**dicho**	**María**
poder	**Espíritu**	

Sopa de letras

Las lecturas del cuarto domingo de Adviento nos ayudan a recordar que Jesús, el Hijo de Dios, vino como niño a ser uno de nosotros. Nos demostró que somos capaces de vivir como creaturas de Dios.

Al final de esta página, encontrarán algunas palabras de las lecturas del cuarto domingo de Adviento. Trabajen juntos como familia para encontrar el mayor número posible. Las letras pueden ser usadas en más de una palabra.

E	V	A	N	G	E	L	I	O	P
S	T	E	I	T	I	G	O	P	O
C	S	E	Ñ	O	R	C	A	R	R
U	S	P	O	D	E	R	E	S	S
C	U	A	A	C	S	E	I	H	I
H	S	L	S	D	C	E	I	L	E
A	E	A	N	U	R	J	L	A	M
R	J	B	I	V	O	E	O	M	P
D	S	R	O	N	O	I	C	A	R
C	O	A	P	V	I	V	I	R	E

POR SIEMPRE	EVANGELIO	VIVIR
HIJO	ESCUCHAR	PODER
PALABRA	PADRE	SIERVO
SEÑOR	NIÑO	ÁNGEL

Oración en familia

Dios de amor,
a medida que caminamos en el tiempo de Navidad,
sabemos que caminamos contigo.
Tú llenas de esperanza y alegría nuestras vidas
por tu Hijo, nuestro Señor Jesucristo.

Llena nuestros corazones con tu amor, para que podamos
apoyarnos unos a otros en nuestra familia.
Guíanos, para que nos tratemos unos a otros con respeto,
dignidad y cuidado, como creación tuya.

Da a nuestra familia, la valentía de enfrentarse
a cualquier desafío que se le presente.
Sabemos que siempre estás con nosotros
y que nada es imposible para Ti.

Ayúdanos como familia, a salir al encuentro de los demás
y a buscar el modo de ayudar a los necesitados.
Recuérdanos que llevamos a Cristo a los demás
cuando compartimos tu amor.

Te pedimos que bendigas a nuestra familia.
Que seamos signos vivos de tu presencia
por el modo en que conducimos nuestras vidas diarias
durante el tiempo de Navidad y siempre.

Amén.

Primera Semana de Navidad

EVANGELIOS DEL DÍA DE NAVIDAD:
TODOS LOS QUE ESCUCHARON A LOS PASTORES QUEDARON MARAVILLADOS. LUCAS 2:18

El tiempo de Navidad comienza con la celebración de la Misa de Navidad. Es una época del año para compartir el amor de Dios y alegrarnos con la venida de Jesucristo. Durante el tiempo de Navidad debemos mirar más allá de nosotros y ver las necesidades de los demás. Estamos llamados a ser Cristo para los demás. Viviendo el espíritu de la Navidad tendremos una visión de lo que es posible en nuestro mundo.

Gloria a Dios en lo más alto del cielo.

LUCAS 2:14

Y dio a luz a su hijo primogénito. Lo envolvió en pañales y lo acostó en un pesebre, pues no había lugar para ellos en la sala principal de la casa.

LUCAS 2:7

Cada año, en la Misa de Gallo, se proclama la historia de Lucas 2:1–14. Escuchamos de nuevo cómo María y José viajaron a Belén y cómo Jesús nació en un humilde establo. Esta historia del infinito amor de Dios trae esperanza a nuestras vidas.

¿Qué lección podemos aprender de la historia de Navidad en este año?

Fueron apresuradamente y hallaron a María y a José con el recién nacido acostado en el pesebre. Entonces contaron lo que los ángeles les habían dicho del niño. Todos los que escucharon a los pastores quedaron maravillados de lo que decían.

LUCAS 2:16–18.

En la Celebración Eucarística, al amanecer del Día de Navidad, se proclama la historia de los pastores. Ellos creen en las palabras del ángel y acuden a ver al niño que es el Salvador. Luego se lo cuentan a otros y alaban a Dios. Nosotros también estamos llamados a creer en el milagro de la Navidad y a alabar a Dios en nuestras vidas.

¿Cómo podemos transmitir a los demás la alegría de la Navidad?

Lo que fue hecho tenía vida en él, y para los hombres la vida era luz. La luz brilla en las tinieblas.

JUAN 1:3–5.

En las otras misas del día de Navidad se lee el Evangelio de Juan 1:1–18. Escuchamos la proclamación de que Jesús es la Palabra de Dios. La lectura del Evangelio nos recuerda que el Hijo de Dios existió desde toda la eternidad. Jesucristo vino a nosotros como luz del mundo. Vino para la gente de todas las naciones y de todos los tiempos.

¿De qué manera podemos caminar en la luz de Jesús en nuestras vidas?

DÍA DE NAVIDAD

Viajen a Belén

Reflexión de Navidad

¿Qué es lo que más te gusta hacer en Navidad? Todos los años somos invitados a ir a Belén. Venimos, como los pastores, a ver al Salvador. Venimos como los ángeles a dar gloria a Dios. Venimos juntos a escuchar una vez más esta maravillosa historia.

Alegremente celebramos el nacimiento del Niño Jesús, porque sabemos el resto de la historia. El niño del establo es el Maestro, el Mesías y el Salvador del pueblo. Tal es el amor de Dios por nosotros.

Esta Navidad compartamos nuestra alegría y nuestro amor con los demás, al reunirnos para celebrar el nacimiento de Jesucristo. Que el amor de Dios llene nuestros corazones y la alegría de la venida de Jesucristo llene nuestras vidas en esta Navidad.

Pregunta de Navidad

- ¿De qué manera nos ayuda la Navidad a recordar lo que es importante en nuestra vida?

Actividad de Navidad

Lean juntos la historia de la primera Navidad en el evangelio de Lucas (Lucas 1:1–19). Compartan esta historia en familia, antes de comenzar la celebración de la navidad. Antes incluso que los regalos, antes que la comida, antes de emprender el día, recuerden lo que se celebra en Navidad.

Oración de Navidad

Dios, Padre, Hijo y Espíritu Santo,
en este maravilloso día de Navidad,
nuestra familia celebra todo lo que has hecho por nosotros.
Por amor enviaste a Jesucristo
para nacer como niño en Belén para todo el pueblo.
En el espíritu de los regalos de Navidad,
ayuda a nuestra familia a vivir nuestra fe
en ti todos los días.
Amén.

Dar gloria a Dios

Reflexión de Navidad

¿Alguna vez te dieron la sorpresa de venir a visitarte sin avisar? Los pastores debieron sentirse muy sorprendidos la noche del nacimiento de Jesús. No esperaban ver ángeles cuando estaban cuidando sus rebaños.

En Navidad cantamos Gloria al proclamar: "Gloria a Dios en las alturas". Las palabras del ángel en el Evangelio de Lucas, son nuestras palabras también. Juntos elevamos nuestras voces, nuestros corazones y nuestras vidas al Dios que nos ama y que nos envía a Jesús.

Para muchas familias, el primer día de la Navidad es el final de la celebración. El árbol se tira a la basura y ya no se cantan villancicos. Sin embargo, la fiesta de Navidad es demasiado grande para celebrarse en un solo un día. Demos gloria a Dios durante todo el tiempo de Navidad, no sólo el 25 de diciembre.

Pregunta de Navidad

- ¿De qué manera podemos dar gloria a Dios?

Actividad de Navidad

Durante el tiempo de Navidad se nos invita a revisar cómo estamos viviendo nuestras vidas y a encontrar la forma de compartir el amor de Dios con los demás. Pensemos de qué manera podemos hacer esto en familia. ¿Cómo puede nuestra familia marcar la diferencia en nuestro mundo? Elaboren una lista y elijan una acción para realizar durante el tiempo de Navidad.

Oración de Navidad

Creador Dios,
te damos gloria y alabanza
por todo lo que has hecho por nosotros.
Te damos gracias por el don de tu Hijo,
nuestro Señor Jesucristo.
Que nuestra familia lleve la esperanza a los demás
durante este santo tiempo de Navidad.
¡Gloria a Dios en las alturas!
Amén.

Hagamos espacio en nuestros corazones

Reflexión de Navidad

¿Alguna vez has estado verdaderamente cansado? Así debieron sentirse María y José después de su largo viaje. El evangelio de Lucas nos dice cómo trataron de encontrar un lugar donde refugiarse, pero los rechazaron. No había lugar para ellos en las posadas.

Cristo niño, nació en un humilde establo. Esto nos recuerda que lo importante no es el tipo de casa que tenemos o la ropa que vestimos. Lo que importa es quiénes somos por dentro.

Este evangelio nos llama a hacer espacio para Jesucristo en nuestras vidas. A veces llenamos nuestros días con tantas actividades que no tenemos tiempo para hacer la voluntad de Dios. En esta Navidad, veamos a Cristo en los demás. Seamos Cristo para los demás. Hagamos espacio para que Cristo venga de nuevo.

Pregunta de Navidad

- ¿Cómo podemos hacer espacio en nuestros corazones y en nuestras vidas para los demás?

Actividad de Navidad

En los días que siguen a la Navidad, muchas familias tienen tiempo de vacación. Encuentren oportunidades para servir a los demás como familia. Visiten a algún anciano en una residencia de la tercera edad; hagan alguna tarea para auxiliar a algún vecino anciano; cocinen algo para algún vecino que no puede salir. ¿De qué otra manera podemos ayudar a la gente de nuestra comunidad?

Oración de Navidad

Dios, Padre de todos,
levantamos nuestros corazones hacia ti en oración,
en este santo tiempo de Navidad.
Te damos gracias por habernos enviado a Jesucristo
para mostrarnos tu infinito amor por nosotros.
Que hagamos espacio en nuestros corazones
y en nuestras vidas para las personas necesitadas.
Amén.

4° DÍA DE NAVIDAD

Vivan en la luz

Reflexión de Navidad

¿Te has llegado a sentir demasiado ocupado con todo lo que tienes que hacer? El período navideño es un buen momento para hacer definir las prioridades en nuestra vida. Hemos sido llamados a seguir la luz de Cristo cada día. Nuestras decisiones deberían reflejar lo que es realmente importante en nuestra vida: el seguimiento de Jesús.

Sabemos que Dios siempre está a nuestro lado. A veces nos alejamos de Él con las decisiones que tomamos, pero Dios nunca se aleja de nosotros. Debemos apartarnos de la oscuridad y acercarnos a la luz del amor de Dios.

El tiempo de Navidad nos invita a caminar en la luz de Jesucristo. Dejemos atrás aquello que nos ha impedido vivir plenamente como pueblo de Dios y seguidores de Jesucristo. Optemos por utilizar nuestro tiempo en lo que es realmente importante. Este puede ser el momento de un nuevo comienzo en nuestra vida. Caminemos en la luz del amor de Dios y vivamos siempre en la luz.

Pregunta de Navidad

- ¿Qué significa para nosotros vivir todos los días como seguidores de Jesucristo?

Actividad de Navidad

Reúnanse todos los miembros de la familia y jueguen algo juntos. Ya sea el nuevo juego que recibió algún miembro de la familia, o el juego favorito que hace tiempo no desempolvan. Preocúpense únicamente por disfrutar el momento juntos. Lo pueden convertir incluso, en una tradición familiar de Navidad.

Oración de Navidad

Dios de la luz,
escucha nuestra oración en este tiempo de Navidad.
Quédate con nuestra familia en todo lo que hagamos.
Capacítanos para seguir a Jesucristo
y para vivir siempre como discípulos suyos.
Que siempre vivamos en la luz
y mostremos tu luz a los demás.
Amén.

5º DÍA DE NAVIDAD

Compartan la alegría de la Navidad

Reflexión de Navidad

¿Alguna vez te ha dado la impresión de que la Navidad dura muy poco? El 25 de diciembre, es sólo el comienzo del tiempo de Navidad. Continuamos celebrando la venida de Jesús a nuestro mundo y a nuestras vidas.

Durante la Navidad, experimentamos el amor y la alegría de muchas maneras. Pasamos más tiempo con nuestra familia y amigos. Abrimos nuestros corazones y nuestras vidas a las personas necesitadas.

Cuando el día de Navidad llega a su fin, comienza el verdadero trabajo de la Navidad. Un milagro de este período puede ser el que la gente deje atrás sus diferencias para trabajar juntos. No podemos guardar nuestro espíritu navideño junto con el árbol y las decoraciones. La buena voluntad y el amor hacia los demás deben continuar a lo largo del año.

Pregunta de Navidad

- ¿Cuáles son los dones y talentos que podemos compartir con los demás?

Actividad de Navidad

Lean nuevamente las tarjetas de Navidad enviadas por los amigos y parientes. Compartan en familia, los principales recuerdos que guardan de ellos o alguna historia divertida. Ríanse juntos. Esto les ayudará a sentirse conectados con ellos a pesar de la distancia. Las historias y los recuerdos unen a las familias y ayudan a sus miembros a tener un sentido de pertenencia que es muy importante.

Oración de Navidad

Dios de amor,
te damos gracias por toda la creación
y por tu amor por cada uno de nosotros.
Ayuda a nuestra familia a compartir tu amor
con otras personas de nuestro mundo.
Que tendamos una mano amiga
en nombre de Jesucristo, nuestro Señor.
Amén.

Aprendamos de las Sorpresas de la Navidad

Reflexión de Navidad

¿Alguna vez te ocurrió algo bueno que no esperabas? La maravilloso tiempo de Navidad, está lleno de sorpresas para nosotros.

La primera de ellas, es que el Salvador nace en un establo. No una casa, sino un refugio para animales. Después, los pastores de las colinas son visitados por un ángel. Incluso, los magos viajan desde el este para llevar regalos a Cristo niño. ¿Quién hubiera podido imaginar todo esto?

Las sorpresas de la Navidad nos enseñan una lección importante: debemos estar abiertos a lo inesperado en nuestras vidas; debemos buscar a Jesús en todas las personas y lugares; debemos estar abiertos a nuevas personas, nuevas experiencias y nuevos modos de mirar las cosas; debemos estar abiertos a la posibilidad de amar a Dios y a los demás de modos inesperados.

Pregunta de navidad

- ¿En qué lugares inesperados podemos encontrar a Cristo?

Actividad de Navidad

Es importante que estemos abiertos a experimentar el amor de Dios de maneras nuevas en esta Navidad. Debemos ampliar nuestra comprensión de lo que significa vivir en una comunidad global. Podemos planear como familia, asistir a un festival o actuación que celebren personas de otras culturas. Se trata de una actividad interesante, que nos ayuda a comprender de qué manera, las diferencias enriquecen nuestro mundo.

Oración de Navidad

Dios de las sorpresas,
te damos gracias por el regalo de Jesús,
que es más de lo que podríamos imaginar.
Ayúdanos a estar abiertos a tu presencia en nuestras vidas.
Que te busquemos en lugares inesperados
para experimentar tu amor por todos.
Amén.

7° DÍA DE NAVIDAD

Compartan el amor de Jesús por todo el mundo

Reflexión de Navidad

¿Tienes alguna experiencia que no quisieras compartir con otros? Ocurre lo contrario con la Navidad. La Navidad es para personas de todas las edades, razas y estilos de vida. La Navidad es para todos, porque Jesucristo vino al mundo para todos.

En Navidad celebramos al niño del establo, que creció hasta convertirse en el Salvador en la cruz. Sabemos lo que significa la venida de Cristo al mundo, porque conocemos el desenlace de la historia. Jesús nos ama tanto que resucitó por nosotros.

Nos alegramos porque que Jesús nos enseñó el amor de Dios para cada uno de nosotros y el modo de compartir ese amor con los demás. Hemos sido llamados a seguir a Jesús en nuestras vidas con la ayuda del Espíritu Santo.

Pregunta de Navidad

- ¿Cómo podemos compartir hoy el amor de Jesús con los demás?

Actividad de Navidad

Propongan algún modo en que su familia pueda marcar la diferencia en la vida de los demás. Algunos medios concretos pueden ser: dedicar más tiempo para estar con los demás; ver menos televisión o hacer menos llamadas telefónicas. Busquen oportunidades diarias para hacer aquellas cosas pequeñas que marcan la diferencia. Cada miembro de la familia puede elaborar un plan para el nuevo año. De este modo, podrán caminar juntos en el año que comienza y vivirlo con fe, esperanza y amor a Dios y a los demás.

Oración de Navidad

Señor Jesucristo, te damos gracias por todo lo que has hecho
y por mostrarnos el camino hacia el Padre. Ayúdanos a seguir
tu camino de amor y a vivir con compasión por los demás.
Envía tu Santo Espíritu para guiar a nuestra familia
en todo lo que hacemos hoy y siempre.
Amén.

NAVIDAD

Búsqueda bíblica

Durante Navidad, se proclama la lectura del Evangelio sobre el anuncio del ángel a los pastores. La maravillosa historia de los quienes escuchan la buena noticia de un Salvador, se queda grabada para siempre en nuestra memoria. Los primeros adoradores del niño Jesús, fueron los pastores. ¡Qué sorpresa y qué alegría debió haberles causado el mensaje de Dios!

A continuación rellenen juntos, como familia, los espacios en blanco con las palabras de Lucas 2:8–12. Utilicen las palabras que se ofrecen abajo.

En la región había pastores que vivían en el _ _ _ _ _ y que

por la noche se turnaban para cuidar sus _ _ _ _ _ _ _.

Se les apareció un _ _ _ _ _ del Señor,

y la _ _ _ _ _ _ del Señor los rodeó de claridad.

Y quedaron muy asustados.

Pero el ángel les dijo: «No tengan _ _ _ _ _,

pues yo vengo a comunicarles una buena noticia,

que será motivo de mucha _ _ _ _ _ _ _

para todo el pueblo: hoy, en la ciudad de David,

ha nacido para ustedes un _ _ _ _ _ _ _ _,

que es el Mesías y el _ _ _ _ _.

alegría	**salvador**
ángel	**campo**
rebaños	**miedo**
gloria	**Señor**

Sopa de letras

La Navidad es un momento para recordar lo que es realmente importante y para celebrar lo bueno que es Dios con nosotros. Cada año escuchamos la historia de Lucas que cambiaría el mundo para siempre. Vivimos en la esperanza, gracias al amor de Dios por cada uno de nosotros.

Al final de esta página, encontrarán algunas palabras de las lecturas del cuarto domingo de Adviento. Trabajen juntos como familia para encontrar el mayor número posible. Las letras pueden ser usadas en más de una palabra.

S	O	R	P	R	E	S	A	M	H
S	T	A	O	T	I	G	O	I	O
C	Z	E	S	O	R	L	J	B	R
U	S	P	A	S	T	O	R	E	S
J	U	M	D	C	S	R	I	L	I
O	S	L	A	D	C	I	I	E	E
S	E	Ñ	O	R	R	A	L	N	M
E	J	B	I	V	I	E	O	M	P
D	S	R	O	N	O	A	C	A	R
D	I	O	S	V	I	V	I	R	E

POSADA	HIJO	PAZ
DIOS	GLORIA	JOSÉ
BELÉN	PASTORES	SORPRESA
MARÍA	JESÚS	SEÑOR

Segunda Semana de Navidad

EVANGELIOS DE NAVIDAD:
LA GRACIA DE DIOS PERMANECÍA CON ÉL LUCAS 2:40

Los evangelios del tiempo de Navidad nos invitan a tener fe en Jesucristo. Al recordar el acontecimiento de Belén, los evangelistas descubrieron el significado del nacimiento de aquel niño en el establo. Comprendieron que ese niño cambiaría al mundo y sería el Salvador de toda la humanidad. Este humilde nacimiento nos recuerda que lo importante no es lo que tenemos, sino lo que somos.

Hemos visto su estrella en el Oriente y venimos a adorarlo.

MATEO 2:2

Volvieron a Galilea, a su ciudad de Nazaret. El niño crecía y se desarrollaba lleno de sabiduría, y la gracia de Dios permanecía con él. LUCAS 2:39–40

La fiesta de la Sagrada Familia pretende mostrarnos que la vida en familia es santa, porque es la vida de Dios. La familia de Jesús, María y José pasó por momentos difíciles. Sin embargo, permanecieron fieles a la voluntad de

Dios en sus vidas. Vivieron su fe en la vida diaria. De igual modo debemos apoyarnos y animarnos en la fe unos a otros.

¿Cómo puede nuestra familia permanecer fiel a la voluntad de Dios, incluso cuando ésta sea difícil?

Todos los que escucharon a los pastores quedaron maravillados de lo que decían. María, por su parte, guardaba todos estos acontecimientos y los volvía a meditar en su interior. LUCAS 2:18-19

En la gran fiesta de María, la Madre de Dios, escuchamos de nuevo el relato de los pastores en la primera Navidad. María es fiel a Dios y cumple su promesa de ser la madre del Salvador. A lo largo de toda su vida, dijo sí a Dios.

¿De qué manera podemos parecernos más a María?

Y fíjense: la estrella que habían visto en el Oriente iba delante de ellos, hasta que se detuvo sobre el lugar donde estaba el niño. MATEO 2:9

En la Epifanía, celebramos que Jesús ha venido para todo el pueblo y para todas las naciones. Somos un pueblo, enriquecido por sus diferencias y unido en el amor de Dios. Todos hemos de seguir a Jesús, como la estrella de nuestra vida.

¿Qué significa para nosotros seguir a Jesús como la estrella de nuestra vida?

MARÍA, MADRE DE DIOS

Honrar a María

Reflexión de Navidad

¿Alguna vez has tenido dificultad en cumplir con la palabra dada? María tenía fe en Dios, incluso cuando enfrentaba dificultades en su vida. Ella y José tuvieron que migrar a otro país para proteger a Jesús. Cuando Jesús creció, pudo ver cómo la gente se volvía contra él. Permaneció al pie de la cruz y vio morir a su hijo.

Cada año celebramos la fiesta de María, Madre de Dios, una semana después de la Navidad. Recordamos que gracias a su sí, Dios pudo enviar a su Hijo al mundo, como Salvador de todos. La honramos como madre de Jesús y madre de todos nosotros.

María es un signo de esperanza para nuestro mundo. Debemos seguir su ejemplo y decir sí a Dios. Y, por supuesto, podemos pedirle que ore por nosotros ante su Hijo.

Pregunta de Navidad

- ¿Cómo puede nuestra familia ser fiel a Dios como María, incluso en momentos de dificultad?

Actividad de Navidad

María es la madre de Dios y también nuestra madre. Ella eleva su alabanza a Dios en el Evangelio de Lucas 1:46–55. Esta oración de María se llama Magnificat. Alabemos a Dios por todo lo que ha hecho por cada uno de nosotros y por nuestra familia. Leamos juntos la oración de María en la Biblia.

Oración de Navidad

Maravilloso Dios,
hoy celebramos a María
como madre de Jesús y madre nuestra.
Danos la valentía de decir sí
al plan de Dios para nuestras vidas, como ella lo hizo.
Que sigamos el ejemplo de María
y te alabemos y glorifiquemos,
por todo lo que has hecho por nosotros.
Amén.

Celebrar el amor de Dios

Reflexión de Navidad

¿Cuál es tu villancico favorito? Al cantar las preciosas letras de nuestros villancicos favoritos, recordamos lo que es la Navidad. Celebramos que Dios vino a nosotros en la persona de Jesucristo para que podamos vivir en el amor de Dios.

La Navidad es un tiempo de alegría. La celebración del nacimiento del niño Jesús, abre nuestros corazones al amor infinito de Dios por cada uno de nosotros. El verdadero regalo del tiempo de Navidad es el don del amor, dado a cada uno de nosotros y compartido con los demás. ¡Qué regalo tan maravilloso!

Permanecemos unidos en el amor como familia de Dios, a pesar de nuestras diferencias. Debemos considerar la diversidad de culturas y tradiciones como enriquecimiento para nuestras vidas y nuestro mundo. Vivamos en el amor durante el tiempo de Navidad y durante toda nuestra vida.

Pregunta de Navidad

- ¿Qué podemos aprender de las personas de otras culturas?

Actividad

Los villancicos nos narran la historia de la Navidad en cantos y nos ayudan a celebrar la venida de Jesús de muy bellas maneras. Cantemos villancicos en familia, ya sea en la misa o en el hogar. Escuchemos discos de nuestros villancicos favoritos. Aprendamos villancicos de otras culturas. Ayudemos a los niños más pequeños a aprender la letra de los más famosos como: "Campana sobre campana", o "Noche de Paz".

Oración de Navidad

Dios de toda maravilla,
en la alegría del tiempo de Navidad,
te damos gracias por tus bendiciones
y por todo lo que has hecho por nosotros.
Ayúdanos a recordar que nuestras tradiciones y culturas
nos enriquecen a todos. Quédate con nuestra familia en todo
lo que hacemos, para que podamos honrar tu nombre.
Amén.

10° DÍA DE NAVIDAD

Predicar el evangelio hoy

Reflexión de Navidad

¿Has recibido alguna vez la noticia de algo maravilloso que no podías esperar para contarlo a los demás? Los discípulos de Jesús se sentían así. Compartían la buena noticia de Jesucristo con los demás. Fueron lejos a predicar el Evangelio.

Todos nosotros hemos escuchado la buena noticia de Jesucristo por medio de otras personas. De esta manera, nuestra fe en Jesucristo va pasando de generación en generación. La fe de cada persona nos enriquece, porque todos somos familia de Dios.

Debemos compartir con los demás nuestra fe en Jesucristo. La noticia es demasiado buena como para guardárnosla. Debemos mostrar a los demás, con nuestras palabras y acciones, lo que significa creer en nuestro Señor Jesucristo.

Pregunta de Navidad

- ¿Quién comparte la buena noticia de Jesucristo con nosotros?

Actividad de Navidad

Compartan un momento en familia para ver antiguos álbumes de fotos. Se trata de una actividad divertida, que ayuda a los miembros de la familia a sentirse conectados unos con otros y a recordar los buenos tiempos. Compartan historias sobre momentos que disfrutaron juntos y recuerden a las personas que les han enseñado algo sobre Jesús.

Oración de Navidad

Dios de la alegría de la Navidad,
te damos gracias por enviarnos a tu Hijo,
nuestro Señor Jesucristo.
Te pedimos que llenes nuestras vidas de tu alegría
y nuestros corazones de amor a los demás.
Que nuestra familia comparta la buena noticia
con otras personas en el nombre de Jesús.
Amén.

11° DÍA DE NAVIDAD

Ver las posibilidades

Reflexión de Navidad

¿Cómo sería el mundo si todos viviéramos según las enseñanzas de Jesús? La Navidad nos ayuda a vislumbrarlo. A medida que la gente sale al encuentro de los demás, vemos cómo podría ser nuestro mundo si viviéramos todos los días, el espíritu de la Navidad en nuestras vidas.

Dios nos llama a amarnos unos a otros, como nos amamos a nosotros mismos. Esto significa que debemos amar a todos, no sólo a quienes nos agradan. Debemos ampliar nuestra idea de amar a los demás al ir creciendo en fe durante el tiempo de Navidad.

Al amar a los demás, hacemos presente a Dios y su amor en el mundo. Caminamos en las huellas de Jesucristo.

Pregunta de Navidad

- ¿Cómo podemos ver el rostro de Jesucristo en los demás?

Actividad de Navidad

Conversen en familia para descubrir de qué manera pueden vivir en el amor como discípulos de Jesucristo. Hemos de mostrar el amor a los demás, incluso en los momentos difíciles. No depende de nosotros aquello que nos sucede, pero sí está en nuestras manos la manera en que reaccionamos. Podemos dejarnos llevar por las dificultades en detrimento de los demás, o podemos apelar a nuestra experiencia y ayudar a nuestros hermanos.

Elaboren juntos una lista de los momentos en que pueden elegir hacer lo correcto en la vida diaria. Coloquen la lista en algún lugar visible, de manera que los miembros de la familia recuerden vivir en el amor, para construir un mundo mejor.

Oración de Navidad

Santo Espíritu de amor,
a través del Hijo de Dios,
te hiciste humano como nosotros.
Ayuda a nuestra familia a vivir la fe todos los días
y a trabajar por la justicia para todos.
Que seamos personas de oración en todas las cosas
y personas de amor hacia los demás.
Amén.

12° DÍA DE NAVIDAD

Vivir los evangelios

Reflexión de Navidad

¿Considero que debo asistir a los necesitados, o eso le corresponde a otras personas? Al abrir nuestro corazón a la maravilla de la Navidad, nos damos cuenta de que estamos llamados a vivir los desafíos de la palabra de Dios. La fe debe marcar la diferencia en nuestro estilo de vida. Debemos amarnos unos a otros como Dios nos ama.

En nuestro mundo aún encontramos niños que mueren de hambre; gente cuya vida está destrozada por la violencia; personas abrumadas por la desesperación de la pobreza. Debemos estar atentos a lo que ocurre en nuestro mundo y hacer algo al respecto. Tenemos un mismo Dios, que es creador y Padre de todos.

Por nuestra fe en Dios, estamos llamados a mirar más allá de nosotros mismos; a ver las necesidades de los demás. La Navidad debería ejercer esa influencia en nuestra vida y en las de los demás.

Pregunta de Navidad

- ¿Qué cambiaría en nuestro mundo si todos viviéramos el mensaje del Evangelio?

Actividad de Navidad

Somos llamados a vivir en compasión, perdón y amor. Al seguir el ejemplo de Jesús, vivimos según el designio creador de Dios. Vivir evangélicamente es un desafío. Analicen en familia lo que significa ser discípulos de Jesús. Elaboren una lista de ideas concretas para marcar la diferencia, en el tiempo de Navidad y después.

Oración de Navidad

Maravilloso Dios,
te pedimos que nos des un corazón lleno de amor
y compasión hacia el pueblo.
Ayuda a nuestra familia a amarte y a amar a los demás.
Danos la valentía de marcar la diferencia
en nuestro mundo.
Amén.

13º DÍA DE NAVIDAD

Compartir el milagro de la Navidad

Reflexión de Navidad

¿Alguna vez has sido testigo de un milagro? Los milagros ocurren todos los días. Podemos ver un milagro en cada copo de nieve, en los colores brillantes de las flores, en la sonrisa de un bebé y cuando personas de distintas tradiciones se unen para alabar a Dios.

El mayor milagro de la Navidad es el amor de Dios por cada uno de nosotros. Dios nos envió un Salvador. Pero el milagro no termina con la Navidad, al contrario, es sólo el comienzo. Nuestro Dios es un Dios maravilloso.

El Evangelio nos muestra la compasión de Jesús hacia los demás. Nosotros también, como Jesús, somos llamados a amar a los demás y a demostrar compasión. Busquemos la manera de ayudar a las personas necesitadas en nuestro mundo. El hombre que comparte el amor de Dios con los demás, es otro milagro de la Navidad.

Pregunta de Navidad

- ¿De qué modo podemos mostrar compasión hacia los demás?

Actividad de Navidad

Muchas personas en el mundo sufren pobreza, sequías, guerra, discriminación, enfermedad y hambre. Oremos juntos como familia, por la gente necesitada de esperanza. Supliquemos al Señor, para que puedan llegar a experimentar en todo momento la presencia de Dios en sus vidas. Oremos también para que otras personas abran su corazón y los acojan en sus vidas.

Oración de Navidad

Dios de todas las naciones,
te damos gloria y alabanza,
por el milagro de amor que es la Navidad.
Ayuda a nuestra familia a tener compasión por los enfermos,
como Jesús nos demostró con su ejemplo.
Abre nuestros corazones a las necesidades de los demás
no sólo durante el tiempo de Navidad,
sino a lo largo de todo el año.
Amén.

14° DÍA DE NAVIDAD

Trabajen por la reconciliación

Reflexión de Navidad

¿Crees que una persona pueda hacer la diferencia? Cada uno de nosotros está llamado a hacer la diferencia en el mundo, viviendo en amor y paz. Dios nos bendice y nos ayuda a vivir la fe. Debemos ser una bendición para los demás.

Dios creó personas de distintas culturas y razas. Todos nosotros somos creación de Dios y estamos llamados a la vida con Dios y con los demás. Debemos recordar que todos hemos sido creados a imagen y semejanza de Dios.

Con la ayuda del Espíritu Santo podemos dar testimonio de la vivencia de la Navidad en nuestras vidas. Todas las naciones y culturas pueden trabajar juntas, para construir el reino de Dios en todos los pueblos. Sólo así, la historia de amor de Navidad se convertirá en realidad, en nuestras vidas y en nuestro mundo.

Pregunta de Navidad

- ¿Cómo podemos trabajar por la reconciliación en nuestra vida?

Actividad de Navidad

Las necesidades de los demás continúan después de la Navidad. Dediquen un momento para pensar en qué modo su familia puede servir a los necesitados de la comunidad. Por ejemplo, si la Parroquia organiza colectas para un comedor social o un dispensario, pongan en su calendario la próxima fecha programada y asistan puntualmente. Consideren de qué manera pueden dar continuidad al espíritu de Navidad durante el año. Hagan plan para lograrlo.

Oración de Navidad

Dios de paz,
nos alegramos por el regalo de Jesucristo
quien nos enseñó tu amor,
Ayuda a nuestra familia a seguir su ejemplo
y dar testimonio de tu amor todos los días.
Haz que trabajemos para que la justicia en nuestro mundo,
alcance a todas las naciones, culturas, y pueblos.
Amén.

Sigue la estrella

Reflexión de Epifanía

¿Alguna vez te has quedado maravillado mirando al cielo? Los Reyes Magos estudiaban las estrellas. Al descubrir una nueva estrella muy brillante, la siguieron hasta llegar a Jesús. Fue un largo viaje y debió haber sido difícil.

La fiesta de la Epifanía, se celebra el segundo domingo después de la Navidad. En la mayoría de los países aún se celebra el día 6 de enero. En la misa, se proclama la historia de los Reyes Magos, que nos recuerdan que Jesús vino al mundo por todos.

Al igual que los Reyes Magos, debemos reconocer la estrella de Jesucristo en nuestras propias vidas. Hemos de estar abiertos para ir adónde nos lleve su estrella, inclusive cuando estamos muy ocupados, cuando nos enfrentamos a algún desafío o cuando es difícil. Todos los días debemos buscar la luz y seguir la estrella de Jesucristo.

Pregunta de Epifanía

- ¿Cómo podemos seguir la estrella de Cristo en nuestras vidas?

Actividad de Epifanía

Hemos sido llamados a ser portadores de esperanza en la vida de los demás; de los que viven cerca y de aquellos más lejanos, durante el tiempo de Navidad y también después. Como Iglesia, celebramos también la Semana Nacional de las Migraciones con el comienzo de la Epifanía. Debemos recordar a los refugiados y a los trabajadores migrantes que tratan de conseguir una vida mejor para sus familias. En esta semana podemos apreciar la diversidad de las personas. La página web de la Conferencia de Obispos Católicos de Estados Unidos (www.usccb.org), puede darles ideas sobre algunas actividades familiares que se pueden realizar en esta semana.

Oración de Epifanía

Señor Jesucristo, ayúdanos a ser como los Reyes Magos,
quienes siguieron la estrella hasta encontrarte.
Que te busquemos con un corazón abierto y te busquemos
allá en donde te encuentres.Guíanos para seguir tu estrella
en nuestras vidas, en todo tiempo y lugar.
Amén.

Búsqueda bíblica

En la fiesta de la Epifanía celebramos que Jesús se hizo hombre para todos los pueblos y naciones. La historia de los Reyes Magos, es una historia para nuestras vidas. Ellos siguieron la estrella para encontrar a Jesús y adorarle. De igual modo, nosotros hemos de seguir la estrella en nuestras vidas hasta llegar a Jesús.

A continuación rellenen juntos, como familia, los espacios en blanco con las palabras de Mateo 2:9–11. Utilicen las palabras que se ofrecen abajo.

Después de esta entrevista con el ___ ___ ___,

los Magos se pusieron en camino;

y fíjense: la estrella que habían ___ ___ ___ ___ ___

en el Oriente iba delante de ellos, hasta que se detuvo

sobre el lugar donde estaba el ___ ___ ___ ___.

¡Qué alegría más grande: habían visto otra vez

la ___ ___ ___ ___ ___ ___ ___ ___!

Al entrar a la casa vieron al niño con ___ ___ ___ ___ ___ ___,

su madre; se arrodillaron y le adoraron.

Abrieron después sus cofres y le ofrecieron

sus ___ ___ ___ ___ ___ ___ ___ de ___ ___ ___, incienso y mirra.

niño

oro

estrella

visto

regalos

María

rey

Sopa de letras

En la Epifanía, celebramos con júbilo la venida de Jesús. Damos gracias a Dios con las palabras del Salmo 72 mientras cantamos de nuestra alabanza. Unimos nuestras voces a las voces de todo el mundo.

Abajo hay varias palabras del Salmo. Encuéntrenlas juntos en familia. Consejo: las letras pueden aparecer en varias palabras.

J	U	S	T	I	C	I	A	H	S	E
V	A	Z	X	T	R	N	N	R	E	Y
O	D	F	C	G	F	P	A	Z	R	W
C	G	H	V	B	V	B	C	N	V	E
A	D	I	A	S	D	I	I	S	I	R
C	A	S	D	H	I	J	O	U	C	T
I	U	P	E	E	O	T	N	J	I	Y
O	G	H	R	Y	S	H	E	M	O	Q
N	Z	B	D	O	N	E	S	K	E	T
E	O	Ñ	P	K	B	J	T	I	L	O
P	U	E	B	L	O	N	F	U	I	P

HIJO	REY	POBRE	SERVICIO
DIOS	PAZ	JUSTICIA	VOCACIÓN
NACIONES	PUEBLO	DÍAS	DONES

Santos y fiestas del tiempo de Adviento y Navidad

Las vidas de los santos nos proporcionan ejemplos de fe. Los santos vivieron el Evangelio en modos distintos. Eran personas reales, que se enfrentaron a dificultades reales en el seguimiento de Jesús. Sin embargo, permanecieron fieles a Dios y al plan Él tenía para sus vidas. Dios tiene un plan para cada uno de nosotros también.

Existen muchas maneras de celebrar en familia a los santos durante el Adviento y la Navidad. Podemos aprender de su ejemplo de vida. Podemos conversar sobre cómo imitarlos en nuestra vida. Podemos elegir un proyecto, como familia, que nos ayude a ser como un determinado santo. Podemos tener una celebración en su honor. Podemos pedir a los santos, que oren por nosotros ante Dios.

Algunos de los santos que celebramos durante el tiempo de Adviento son:

San Francisco Javier ✦ 3 de diciembre

Francisco Javier nació en España, en el seno de una familia rica. Sabía que Dios lo llamaba a compartir el Evangelio con los demás. Francisco oró a Dios, pidiendo luz sobre lo que debería hacer. Se convirtió en misionero y fue a la India y Japón para predicar a Jesús. Nosotros también estamos llamados a compartir la buena noticia.

✦ ¿Por qué es importante la oración en nuestra vida?

San Nicolás ✦ 6 de diciembre

Nicolás fue un Obispo, hace muchos años. Amó a los demás de la manera en que Jesús nos pide que lo hagamos. A Nicolás le gustaba ayudar a la gente en secreto. A menudo regalaba dulces o juguetes a los niños. Su generosidad es un ejemplo para todos nosotros durante el tiempo de Adviento.

✦ ¿Cómo podemos ser generosos con los demás, a ejemplo de san Nicolás?

Inmaculada Concepción de María ✦ 8 de diciembre

Celebramos este santo día durante el tiempo de Adviento. Recordamos que María estuvo libre de pecado, desde el primer momento de su vida. Honramos el ejemplo de fe de María. Ella dijo sí a Dios, aun sabiendo que esto cambiaría su vida.

✦ ¿Cómo podemos decir sí a Dios en nuestra vida?

Nuestra Señora de Guadalupe ✦ 12 de diciembre

María se apareció en México, a un hombre humilde llamado Juan Diego, que iba de camino a la iglesia. Le dijo que pidiera al Obispo que construyera una iglesia. Juan Diego se presentó ante el señor Obispo, quien le pidió una señal. Cuando Juan Diego abrió su tilma, se reveló una imagen de María impresa en la tela.

✦ ¿Cómo podemos tener fe en los tiempos difíciles?

Santa Lucía ✦ 13 de diciembre

Esta joven vivió hace mucho tiempo. Su nombre significa luz. Originalmente, su fiesta se celebraba cuando los días se hacían más largos. Lucía fue siempre una persona valiente y de oración. Siguió el camino de Jesús, incluso cuando mucha gente cercana a ella no lo entendía.

✦ ¿Por qué hemos de tener valentía para seguir a Jesús?

Santa María de la Rosa ✦ 15 de diciembre

Sirvió a Jesús, buscando su rostro en los pobres. Estableció una casa para que las jóvenes de familias pobres, tuvieran un lugar seguro donde dormir. Cuidó también de los enfermos en el hospital. Maria de la Rosa hizo todo lo que pudo para ayudar a los demás.

✦ ¿Cómo podemos ayudar durante el Adviento a las personas necesitadas?

San Pedro Canisio ✦ 21 de diciembre

Fue maestro y escritor de libros. Pedro Canisio predicó la Palabra de Dios. Cuidó también de los enfermos durante una epidemia. A la gente le gustaba venir y escucharlo predicar el Evangelio. Fue una persona muy ocupada que hizo todo lo que pudo para enseñar a la gente sobre Dios.

✦ ¿Cómo podemos hablar de Jesús a los demás?

San Juan Cancio ✦ 24 de diciembre

Este santo tenía mucha educación y fue un gran maestro. Algunas personas lo envidiaban y se las arreglaron para que lo despidieran de su trabajo. Fue un momento muy difícil para Juan. Sin embargo, él intentó servir a Dios en todo lo que hacía. Más tarde enseñó Sagrada Escritura a estudiantes universitarios, para ayudarles a conocer mejor la Palabra de Dios.

✦ ¿Cómo podemos vivir la Palabra de Dios en nuestras vidas?

Algunos de los santos y fiestas que celebramos durante el tiempo de Navidad son:

San Juan Apóstol ✦ 27 de diciembre

Este apóstol era pescador, como Pedro. Jesús llamó a Juan y a su hermano Santiago a seguirle. Juan era una persona con una gran fe en Jesús. Fue el único que no huyó y permaneció al pie de la cruz. Predicó la buena noticia de Jesucristo por todas partes.

✦ ¿Cómo podemos seguir a Jesús incluso cuando es difícil?

Caterina Volpicelli ✦ 28 de diciembre

Esta santa, recientemente canonizada, era de una familia acomodada. Cuando era adolescente pensaba más que nada en bailes y teatro. Después decidió dedicar su vida a Jesucristo. Caterina ayudó a los demás y fundó una casa para niños huérfanos. También era persona de profunda oración.

✦ ¿Por quién podemos orar?

Fiesta de la Sagrada Familia

Celebramos la Sagrada Familia de María, José y Jesús en el domingo entre el 25 de diciembre y el 1 de enero. En los años en que no hay domingo entre esas fechas, se celebra en un día entre semana. La vida de familia es sagrada. Esto se debe no a que las familias sean perfectas, sino a que Dios obra a través de ellas para que sus miembros vivan en el amor de Dios y de unos con otros.

✦ ¿Cómo pueden los miembros de la familia apoyarse mutuamente?

María, Madre de Dios ✦ 1 de enero

Celebramos que María, como madre de Jesús, es la Madre de Dios. Ella dijo sí a Dios y es un ejemplo de fe para todos nosotros. Fue una fiel discípula de Jesús. Permaneció al pie de la cruz y estuvo en el Cenáculo. Podemos pedir a María que interceda por nosotros ante su Hijo.

✦ ¿Cuál es tu canción favorita sobre María?

Santo Nombre de Jesús ✦ 3 de enero

En este día celebramos que el niño nacido en el establo recibió el nombre de Jesús. Este es el nombre que el ángel le dio a José para el niño, puesto que el niño salvaría a su pueblo. José hizo lo que el ángel le había indicado. Recordamos que Jesús es Dios y que ese nombre es sagrado.

✦ ¿Cómo podemos honrar el nombre de Jesús?

Santa Elizabeth Seton ✦ 4 de enero

Ella era una viuda que tenía cinco hijos. Cuando se convirtió al catolicismo, sus amigos le dieron la espalda y no le hablaban. Esto le provocó gran sufrimiento, pero sabía que estaba haciendo lo correcto. Elizabeth era maestra. Fundó una escuela y enseñó a los niños sobre Dios.

✦ ¿Cómo podemos ayudar a los niños de nuestra comunidad?

Carlos Houben ✦ 5 de enero

Este es uno de los santos recientemente canonizados. Carlos amaba a Dios y al prójimo. Este sacerdote tenía una gran fe en Dios y mucha gente acudía a pedir su bendición. Fue una persona de gran compasión. Carlos visitaba a los enfermos y moribundos en el hospital y en su casa.

✦ ¿Cómo podemos ayudar a quienes están enfermos?

Epifanía ✦ 6 de enero

Esta fiesta celebra la venida de los Reyes Magos de oriente para honrar a Jesús y traerle presentes. Recordamos que Jesús vino a salvar a todos los pueblos y naciones. Los 12 días de Navidad son aquellos que se encuentran entre la Navidad y la Epifanía. Dado que hoy en día la fiesta se celebra en domingo, el número de días puede variar.

✦ ¿Cómo podemos tratar con respeto a las personas de otras culturas?

Búsqueda bíblica

Primera semana de Adviento

caminos

Muéstrame

verdad Dios

esperando

acuérdate

compasivo

Segunda semana de Adviento

Abran senda

rellenadas lomas

aplanen llano

Yavé

Tercera semana de Adviento

venida paz

Espíritu gracias

Dios oren

Cuarta semana de Adviento

niño Dios poder

ángel dicho

Espíritu hijo

María

Navidad

alegría ángel

rebaños gloria

salvador campo

miedo Señor

Epifanía

niño oro estrella

visto regalos

María rey

SOLUCIÓN A LOS ROMPECABEZAS

Sopa de letras

PRIMERA SEMANA DE ADVIENTO

P	E	R	E	G	R	I	N	A	R
U	C	O	R	A	Z	O	N	E	S
E	V	W	X	Y	L	A	A	C	D
B	F	G	S	O	I	D	L	M	N
L	P	Q	R	S	I	G	N	O	S
O	S	B	S	N	E	F	G	H	I
L	U	Z	E	N	O	Ñ	Q	R	S
M	S	V	W	X	Y	Z	O	B	C
D	E	S	P	E	R	T	A	R	M
A	J	P	G	L	O	R	I	A	W

CUARTA SEMANA DE ADVIENTO

E	V	A	N	G	E	L	I	O	P
S	T	E	I	T	I	G	O	P	O
C	S	E	Ñ	O	R	C	A	R	R
U	S	P	O	D	E	R	E	S	S
C	U	A	A	C	S	E	I	H	I
H	S	L	S	D	C	E	I	L	E
A	E	A	N	U	R	J	L	A	M
R	J	B	I	V	O	E	O	M	P
D	S	R	O	N	O	I	C	A	R
C	O	A	P	V	I	V	I	R	E

SEGUNDA SEMANA DE ADVIENTO

B	I	E	N	V	E	N	I	D	A
A	A	R	S	A	E	O	N	T	Z
U	E	U	X	P	C	J	E	C	N
T	S	P	T	A	E	F	N	M	A
I	P	A	M	I	O	R	N	O	R
S	O	I	U	R	S	P	A	Z	E
M	N	A	P	N	O	M	Q	R	P
O	I	J	E	S	U	S	O	M	S
D	E	U	T	I	R	I	P	S	E
P	R	E	P	A	R	A	R	C	W

NAVIDAD

S	O	R	P	R	E	S	A	M	H
S	T	A	O	T	I	G	O	I	O
C	Z	E	S	O	R	L	J	B	R
U	S	P	A	S	T	O	R	E	S
J	U	M	D	C	S	R	I	L	I
O	S	L	A	D	C	I	I	E	E
S	E	Ñ	O	R	R	A	L	N	M
E	J	B	I	V	I	E	O	M	P
D	S	R	O	N	O	A	C	A	R
D	I	O	S	V	I	V	I	R	E

TERCERA SEMANA DE ADVIENTO

A	L	E	G	R	E	N	S	E	M
L	T	E	S	T	I	G	O	P	C
A	V	W	S	A	I	C	A	R	G
B	S	G	H	F	O	C	E	O	O
A	U	R	A	C	I	E	S	C	C
N	S	E	S	O	R	E	G	L	L
Z	E	Z	N	U	S	Ñ	L	A	A
A	J	D	I	O	S	E	O	M	M
D	S	S	E	N	O	I	C	A	N
C	O	M	P	A	R	T	I	R	R

EPIFANIA

J	U	S	T	I	C	I	A	H	S	E
V	A	Z	X	T	R	N	N	R	E	Y
O	D	F	C	G	F	P	A	Z	R	W
C	G	H	V	B	V	B	C	N	V	E
A	D	I	A	S	D	I	I	S	I	R
C	A	S	D	H	I	J	O	U	C	T
I	U	P	E	E	O	T	N	J	I	Y
O	G	H	R	Y	S	H	E	M	O	Q
N	Z	B	D	O	N	E	S	K	E	T
E	O	Ñ	P	K	B	J	T	I	L	O
P	U	E	B	L	O	N	F	U	I	P